TEXT MINING

実践●Rによる
テキストマイニング

センチメント分析・単語分散表現・機械学習・Pythonラッパー

石田基広 著

MOTOHIRO ISHIDA

森北出版株式会社

まえがき

前著『R によるテキストマイニング入門』では，文書（テキスト）を，文字や単語（形態素），あるいは品詞の頻度（出現回数）を表すデータフレームや行列に変換する方法を解説した．テキストを頻度データに変えてしまえば，ほかの数値データと同様の分析手法が適用可能になる．ユーザーはテキスト（あるいはテキスト群）に対して立てた仮説について，R 本体あるいは拡張パッケージによって提供されるさまざまな分析手法や可視化技法を使って検証できるわけである．

前著では，対応分析，クラスター分析，潜在的意味インデキシング，そしてトピックモデルについて取りあげた．本書では，やや発展的な分析方法を紹介する．すなわちセンチメント分析やペナルティ付き回帰による予測手法，構造的トピックモデル，さらには単語分散表現によるモデリングを，R で実行する方法について解説している．

センチメント分析は，レストランや映画などのレビューがポジティブかネガティブかを判定する技術である．ポジティブかネガティブかといった 2 値を判断（予測）する場合，一般にはロジスティック回帰分析がよく用いられている．本書では，回帰モデルの予測精度を高める方法として，ペナルティを導入する方法を紹介する．また，機械学習では一般に，データを訓練用とテスト用の二つに分け（さらには検証用の三つになることもある），モデルの妥当性を検証する分析手順がとられる．本書では，この手順をルーティン化（パイプライン化）する方法についても解説している．

テキストマイニングでは，単語の頻度などをデータとする．通常の方法では，ある単語がテキスト中に何回出現したかを数えるが，この際，単語の意味，さらに出現位置は考慮されていない．シンプルな方法ではあるが，実用面ではこれで十分に有用な結果が得られることが多い．一方，ここ数年は単語の位置情報を利用して，意味の関連性を数値化する方法が使われるようになっている．これを単語分散表現という．単語分散表現では，大量のテキストからモデルが学習される．こうした学習はコンピュータに高い負荷をかけるため，一般のユーザーには実行しがたいが，Google や Facebook などは，大規模なデータにもとづいて訓練を行った結果を「訓練済みモデル」として公開している．ただし，こうしたモデルは Python のライブラリを使うことが想定されている．これらを R で利用することは不可能ではないが，かなりの試行が必要となる．幸い，現在の R および RStudio では，Python のコードをほぼそのまま実行することが可能になっており，その方法について本書の最後に紹介する．

なお，本書では前著にざっと目を通していることを想定しているが，R とテキストマイニングについてある程度の知識があれば，特に問題なく読み進められるはずである．また，第 1 章で，R でテキストデータを加工して分析に適用する流れを解説しているので，予備知識のないユーザーは第 1 章の解説を参考に，実際にテキストデータを分析してみてほしい．第 2 章以降で必要となる知識や技術が身に付くはずである．

なお，2022 年 4 月に公開された R-4.2 では文字コードについて大きな変更があった．従来，日本語 Windows 版の R では Shift-JIS がデフォルトの文字コードであったが，R-4.2 では OS

を問わず文字コードは UTF-8 に統一された（macOS 版はもともと UTF-8 であった）．また Windows 版 R では 32bit 版と 64bit 版の両方がインストールされる仕様であったが，R-4.2 からは 64 bit 版のみがインストールされるようになった．このため，本書の内容を日本語 Windows を実行するには以下の手順に従っていただく必要がある．

　まず，本書では日本語の文章を単語（形態素）に分割するツールとして MeCab を想定している．しかしながら，開発者の工藤拓氏のサイトに公開されている Windows 版 MeCab は従来の Shift-JIS 環境へのインストールが標準となっている．また，サイトからダウンロードできるインストーラーは 32 bit のみである．そこで本書では 64bit で UTF-8 を標準とする MeCab クローンのインストールを提案する．

　https://github.com/ikegami-yukino/mecab/releases から mecab-64-0.996.2.exe をダウンロードし，ダブルクリックで MeCab をインストールしていただきたい．なお，導入によって，ユーザーの Windows パソコンに不具合が生じるとは思えないが，筆者として保証するものではない．公式に配布されている MeCab ではないことに留意いただきたい．

　さらに，R-4.1 までは，日本語 Windows 版 R を利用する場合，解析対象とするファイルの文字コードは Shift-JIS(CP932) として用意する必要があった．これに対して R-4.2 では，ファイルは UTF-8 でなければならない．最近の Windows では UTF-8 のファイルをダブルクリックしても文字化けすることはあまりないが，たとえば CSV ファイルに全角文字が含まれている場合，文字コードを UTF-8 にして保存すると，CSV ファイルを開くデフォルトのアプリケーションである Excel では文字化するか，そもそも開けないことになる．

　Windows 版 R-4.2 で，本書の内容を実行するための準備については，サポートサイトで随時解説を行うので，定期的に以下のサイトをご覧いただきたい．

　https://github.com/IshidaMotohiro/textMining2

　ただし，Windows 版 R についてはバージョン 4.1 までと，バージョン 4.2 以降で異なる対応が必要であり，上記のサイトでも，当面，それぞれに分けた説明を併記せざる得ないので，Windows ユーザーはその点にご注意をいただきたい．

　なお，本書の出版にあたって森北出版の上村紗帆氏と植田朝美氏，二宮惇氏にはたいへんお世話になった．ここに記して謝意を表したい．

　また，本書は，科学研究費補助金「文章の時系列変化に関する研究」（課題番号 17K02732，2016 年から 2019 年）の成果を援用している．

2020 年 1 月　　　　　　　　　　　　　　　　　　　　　　　　　　　　　　　著　者

本書では，入力するコード（命令）を以下のような枠で示す．

```
1 + 2
```

また，出力結果は以下のような枠で示す．

```
[1] 3
```

目　次

1 Rによる日本語テキスト解析の基礎

　最初に，Rおよび日本語形態素解析の復習をかねて，青空文庫 (https://www.aozora.gr.jp/) からテキストファイルをダウンロードし，形態素解析を適用したうえで，単語の出現回数の情報を可視化してみよう．なお，本書では，データ操作フレームワークである tidyverse にそった処理を行うので，慣れていない読者は本章で操作方法を習得してほしい．

1.1　ファイルのダウンロードと読み込み

　ここでは，青空文庫から宮沢賢治の『注文の多い料理店』をダウンロードして利用する．ダウンロードの方法としては，もちろん該当ページ (https://www.aozora.gr.jp/cards/000081/files/43754_17659.html) をブラウザで開いて，テキスト部分を範囲指定してコピーすることも可能だが，青空文庫にはテキストファイルとしてダウンロードする方法も提供されている．書誌情報ページ（ここでは図書カード：No.43754, https://www.aozora.gr.jp/cards/000081/card43754.html）の下部に「テキストファイル (ルビあり) zip」という項目があり，ダウンロードリンクがあるので，これを右クリックして URL をコピーしておく．この URL を R で指定してダウンロードする．ここでは，本書用に用意したダウンロード関数 Aozora() を利用する．source() に本書用に用意したコードの URL を指定して実行することで，青空文庫テキストを処理するための関数が利用可能になる．以下のように操作する．

```
source("http://rmecab.jp/R/Aozora.R")# 青空文庫ダウンロード解析用機能の取得
kenji <- Aozora("https://www.aozora.gr.jp/cards/000081/files/43754_ruby_17594.zip
            ")
```

```
example: folder_name <-
         Aozora('http://www.aozora.gr.jp/cards/000081/files/462_ruby_716.zip')


 URL 'https://www.aozora.gr.jp/cards/000081/files/43754_ruby_17594.zip' を試
しています
Content type 'application/zip' length 6290 bytes
```

```
=================================================
downloaded 6290 bytes
```

　これで全文がダウンロードされている．青空文庫からダウンロード可能なテキスト
ファイルには，データ入力者によるコメントや漢字のルビなどのメタ情報が書き込まれ
ているが，Aozora() を利用すると，ダウンロード後に自動的に解凍したうえで，これ
らのメタ情報が削除される．また，公開されているファイルは Windows の文字コー
ド (CP932) になっているが，Mac や Linux で使うには UTF-8 に変換する必要が
ある．Aozora() では文字コードを自動的に UTF-8 に変換する（Windows 版 R-4.1
までが使われていれば Shift-JIS のまま変更しない）．

　『注文の多い料理店』の場合，zip ファイルを解凍すると chumonno_oi_ryoriten.txt
というファイルが現れる．Aozora() を実行すると，このファイルからメタ情報が取
り除かれ，さらに必要があれば，文字コードを変換したファイルが，実行したフォルダ
（ディレクトリ）に新規作成される NORUBY というフォルダに保存される．前処理
されたテキストのファイル名は chumonno_oi_ryoriten2.txt となる．また，Aozora()
の返り値は，生成されたファイルへの相対パスになっている．上記では，オブジェク
ト kenji にパスが代入されている．

　これ以降，データ操作フレームワークである tidyverse の原則にそった処理を行う
ので，パッケージをロードしておく．

```
library(tidyverse)
```

　tidyverse は，多数のパッケージを束ねた複合的なパッケージであるため，関連パッ
ケージ群が読み込まれる．

　まず，取り込んだテキストファイルを readLines() で R に読み込ませて，冒頭部
分を確認してみよう．

```
chumon <- readLines(kenji)
chumon %>% head()
```

```
[1] "注文の多い料理店"
[2] "宮沢賢治"
[3] ""
[4] ""
[5] "　二人の若い紳士が、すっかりイギリスの兵隊のかたちをして、ぴかぴかする鉄砲を
かついで、白熊のような犬を二疋つれて、だいぶ山奥の、木の葉のかさかさしたとこを、こ
```

> んなことを云いながら、あるいておりました。"
> [6] "「ぜんたい、ここらの山は怪しからんね。鳥も獣も一疋も居やがらん。なんでも構わ
> ないから、早くタンタアーンと、やって見たいもんだなあ。」"

　コードの 2 行目にあるように，tidyverse ではパイプ演算子 (%>%) を多用する．%>%
は，その左側にあるデータを右側にある関数で処理することを指示する演算子である．
head() は，chumon というオブジェクトに代入したテキスト全文のうち，冒頭から 6
行だけを表示する．

　出力には，冒頭の 2 行にタイトルと作者名が残っている．この 2 行は小説本文では
ないので，以下のように添字を利用して削除することができる．

```
chumon <- chumon[-(1:2)]
```

　もっとも，テキストのサイズ（文章量）が大きい場合，冒頭 2 行が集計頻度をもとに
した分析に大きな結果を与えるとは考えにくいので，取り除く必要はないかもしれな
い．『注文の多い料理店』は小作品であるため，冒頭 2 行を削除して，writeLines()
でファイルを上書きする．

```
chumon %>% writeLines(kenji)
```

1.2 日本語形態素解析

　次に，ファイルに形態素解析を適用し，出現単語の頻度表を作成しよう．日本語の形
態素解析には，工藤拓氏が開発公開されている MeCab (https://taku910.github.
io/mecab/) を利用する．また，MeCab を R と連携させるために，**RMeCab** パッケー
ジを導入する．これらの導入方法については，文献[1]や https://rmecab.jp/new/
を参照されたい．

　RMeCab には用途別に多数の関数が実装されているが（詳細は http://rmecab.
jp/wiki/index.php?RMeCabFunctions を参照されたい），このうち docDF() は汎
用的に使える関数である．

　docDF() には，ファイル（集合）へのパス（あるいはデータフレーム）と，解析タ
イプ（単位を単語とするか文字とするか），また抽出する品詞を指定して実行する．解
析タイプを示す type に 1 を指定すると，単語（形態素）単位で文章を分割するが，
0 にすると文字を単位に分割する．デフォルトは 0 である．また，本書では負荷の高

い処理を行う前に，gc() でガベージコレクションを実行してメモリを解放している．
特に RStudio では，外部ライブラリと連携したパッケージを利用中にフリーズするこ
とが多々あるため，こまめに gc() を実行することを推奨したい．なお，gc() は続け
て二度実行しないと効果がない．

```
library(RMeCab)
gc();gc()
chumon_df <- docDF(kenji, type = 1, pos = c("名詞","形容詞","動詞"))
```

arrange() で頻度（出現回数）の昇順に並べて，頻出語を確認してみよう．末尾 6
行を表示させるため，tail() を併用する．

```
chumon_df %>% arrange(chumonno_oi_ryoriten2.txt) %>% tail()
```

```
    TERM POS1   POS2 chumonno_oi_ryoriten2.txt
532 ある 動詞 非自立                        19
533   扉 名詞   一般                        20
534   ん 名詞 非自立                        22
535 する 動詞   自立                        26
536   人 名詞   接尾                        27
537   二 名詞     数                        31
```

出現頻度がもっとも多いのは「二」「人」である．以下で確認できるとおり，MeCab
の出力では「二人」として抽出されているケースはない．ここで，filter() はデー
タに検索条件を指定し，適合した行（レコード）を抽出するメソッドである．

```
chumon_df %>% filter(TERM == "二人")
```

```
[1] TERM                    POS1
[3] POS2                    chumonno_oi_ryoriten2.txt
<0 行>（または長さ 0 の row.names）
```

「二人」を一つのまとまった単語とした結果を得たい場合は，あらかじめカスタム辞
書を用意して MeCab に指定する必要がある（辞書の作成は文献[1] の 2.7 節を参照）．
なお，RMeCab で処理した後に統合する方法もあるが，詳細はサポートサイトを参照
いただきたい．

ここでは，「二」と「人」をそのままにして作業を続ける．

続いて，データフレームからワードクラウドとネットワークグラフを作成する．

1.3　ワードクラウド

テキストマイニングといえば必ず描かれるのがワードクラウドである．ここでは wordcloud2.js という JavaScript ライブラリを利用して，ワードクラウドを描く **wordcloud2** パッケージを使ってみよう．wordcloud2() には単語と頻度を渡すので，select() で TERM 列と chumonno_oi_ryoriten2.txt 列を選択する．

```
chumon_df %>% arrange(chumonno_oi_ryoriten2.txt) %>% tail(100) %>%
             select(TERM, chumonno_oi_ryoriten2.txt) %>% wordcloud2()
```

上記のコードは以下のように，列名を選択抽出したデータを，いったん別名のオブジェクトに保存し実行してもよい．この場合，頻度を表す列名を短く設定し直してもよいだろう．以下では FREQ に変更している．

```
chumon_words100 <- chumon_df %>% arrange(chumonno_oi_ryoriten2.txt) %>%
             tail(100) %>% select(TERM, FREQ = chumonno_oi_ryoriten2.txt)
chumon_words100 %>% wordcloud2()
```

実行するとブラウザで新しいタブが開き，図 1.1 のような画像が表示されるはずである．なお，プロット上で単語の配置はランダムに行われるので，表示される画像は毎回異なる．

画像の上で単語にマウスを重ねると，その単語の出現頻度が浮き上がるはずである．

図 1.1　『注文の多い料理店』ワードクラウド

　MeCab の形態素解析の結果から，名詞，形容詞，動詞に絞ってはいるが，ワードクラウドには「いる」や「もの」，「ある」など，テキストの内容を端的に表しているとはいいがたい単語も表示されている．こうした語をデータから取り除くには，MeCab の品詞細分類情報を利用するか，あるいはストップワードを導入する．ストップワードについては，3.3 節で解説するので，ここでは品詞細分類を参照する方法を説明する．docDF() の出力にある POS2 列に現れている細分類のカテゴリを確認してみよう．select() で POS2 列を指定し，重複を除くため distinct() を適用する．

```
chumon_df %>% select(POS2) %>% distinct()
```

```
          POS2
1          一般
2        固有名詞
3         代名詞
4          自立
5         非自立
6       形容動詞語幹
7        サ変接続
8        副詞可能
9          接尾
10          数
11 ナイ形容詞語幹
```

　このうち，どの情報が不必要かは分析の目的次第だが，たとえば「数」を確認してみよう．

```
chumon_df %>% filter(POS2 == "数")
```

```
  TERM POS1 POS2 chumonno_oi_ryoriten2.txt
1   一  名詞   数                         7
2   三  名詞   数                         1
3   二  名詞   数                        31
4   五  名詞   数                         1
5   八  名詞   数                         1
6   十  名詞   数                         2
7   千  名詞   数                         2
8   四  名詞   数                         1
9   百  名詞   数                         2
```

　頻出する「二人」の「二」を除いて，すべて削除してよいかもしれない．「二」以外の

数を削除するには以下のようにする. `filter()` では複数の条件を指定できるが, 条件をコンマで並べた場合は AND 検索, つまりすべての条件が一致する場合だけ抽出される. 縦棒で条件を並べた場合は OR 検索で, いずれかの条件に一致すれば抽出される. なお, 次の処理で `filter()` は, 「二」以外の数詞を削除する処理の例である.

```
chumon_df %>% filter(POS2 != "数" | TERM == "二") %>% filter(POS2 == "数")
```

```
    TERM  POS1 POS2  chumonno_oi_ryoriten2.txt
  1   二  名詞   数                        31
```

```
## 結果を確認したら, オブジェクトを上書き
chumon_df <- chumon_df %>% filter(POS2 != "数" | TERM == "二")
```

次に, 先ほどの「ある」や「いる」について, 細分類を確認してみよう.

```
chumon_df %>% filter(TERM %in% c("ある", "いる"))
```

```
    TERM POS1   POS2 chumonno_oi_ryoriten2.txt
  1 ある 動詞   自立                        15
  2 ある 動詞 非自立                        19
  3 いる 動詞   自立                         5
  4 いる 動詞 非自立                        18
```

「ある」がワードクラウド上に二つ表示されていたのは, 細分類として「自立」と「非自立」の二つのパターンに分けて判断されたためである. たとえば, 以下二つの文章で, 「ある」は細分類の判定が異なっている.

```
(docDF(data.frame(X = "看板にそう書いてあるじゃないか"), "X", type = 1))
```

```
number of extracted terms = 9
now making a data frame. wait a while!

    TERM   POS1                        POS2 Row1
  1 ある   動詞                      非自立    1
  2   か   助詞 副助詞／並立助詞／終助詞    1
  3 じゃ   助詞                      副助詞    1
  4 そう   副詞                  助詞類接続    1
```

5	て	助詞		接続助詞	1
6	ない	助動詞		*	1
7	に	助詞		格助詞	1
8	書く	動詞		自立	1
9	看板	名詞		一般	1

```
(docDF(data.frame(X = "こんどはこんないいこともある"), "X", type = 1))
```

```
number of extracted terms = 7
now making a data frame. wait a while!

    TERM    POS1    POS2 Row1
1   ある    動詞    自立    1
2   いい  形容詞    自立    1
3   こと    名詞  非自立    1
4 こんど    名詞 副詞可能    1
5 こんな  連体詞       *    1
6     は    助詞  係助詞    1
7     も    助詞  係助詞    1
```

　ワードクラウドでは，テキストの内容を直接反映していない「ある」や「いる」は
削除しても問題ないだろう．`filter()` の内部で `!` を併用すれば，「ある」と「いる」
を取り除いて描くことができる（画像は省略する）．

```
chumon_words100 %>% filter(!TERM %in% c("ある","いる")) %>% wordcloud2()
```

1.4　ネットワークグラフ

　続いて，ネットワークグラフを作成しよう．まず，単語のバイグラムを作成して頻
度表にまとめる．バイグラムとは，テキスト上で連続する単語や文字のペアのことで
ある．先ほどと同じ `docDF()` を利用するが，引数として，バイグラムを表す `N=2` を
指定する．さらに，ペアとなる二つの単語を，それぞれ別々の列に記録することを表
す `nDF=TRUE` を指定する．また，頻度を表す列名が，ファイル名と同じためにやや長
いので，これを `FREQ` に変えよう．ここでは，`set_names()` を使ってすべての列名を
変更する例を示す．

```
library(RMeCab)
bigram <- docDF(kenji, type = 1, N = 2, nDF = TRUE,
                    pos = c("名詞", "形容詞", "動詞"))
bigram <- bigram %>% set_names(c("N1", "N2", "POS1", "POS2", "FREQ"))
## FREQ 列を降順にして最後の 6 行を表示
bigram  %>% arrange(FREQ) %>% tail()
```

	N1	N2	POS1	POS2	FREQ
974	西洋	料理	名詞-名詞	一般-サ変接続	4
975	注文	多い	名詞-形容詞	サ変接続-自立	5
976	置く	ある	動詞-動詞	自立-非自立	5
977	ぼく	ら	名詞-名詞	代名詞-接尾	7
978	書く	ある	動詞-動詞	自立-非自立	10
979	二	人	名詞-名詞	数-接尾	25

　プロットに描くバイグラムの数を制限するため，頻度が 1 を超えるペアに限定しよ
う．また，バイグラムの要素として，テキストの内容と直接は関係しないごく一般的
な単語（「いる」や「ある」など）が残っているので，これらも削除する．削除する単
語をベクトルで用意しておき，これが N1 列か N2 列に存在しないレコードで，かつ
頻度が 1 を超える場合だけを残す．

```
remove_words <- c("ある", "いる", "の", "よう", "ん",
                    "する", "くる", "なか", "こと")
bigram2 <- bigram %>% filter(!N1 %in% remove_words,
                             !N2 %in% remove_words, FREQ > 1)
```

　準備ができたので，ネットワークグラフを作成する．これには **ggraph** パッケージを
利用する．まず，**igraph** パッケージでオブジェクトをネットワーク構造に変換した
うえで，ggraph() に渡す．作図の方法は，プロットの要素を + 演算子で追加して
いく．たとえば，以下で geom_node_label() はラベル（ネットワークでいう点）の
指定であり，geom_edge_diagonal() はエッジ（点と点と結ぶ線）の指定となる．
repel=TRUE を設定すると，ラベルの重なりを防ぐことができる（図 1.2）．

```
library(igraph)
library(ggraph)
bi_net  <- graph_from_data_frame(bigram2)
ggraph(bi_net, layout = 'graphopt') + geom_edge_diagonal(alpha = 1,
                                        label_colour = "blue") +
                                geom_node_label(aes(label = name),
                                  size = 5, repel = TRUE)
```

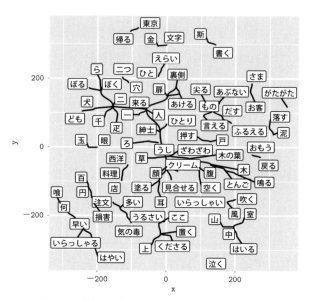

図 1.2　『注文の多い料理店』ネットワークグラフ

作品のキーとなる単語と，その文脈がうまく可視化されているといえるだろう．

2 センチメント分析

センチメント分析とは，テキストの内容に対する評価を，構成する単語をもとに判定する手法のことである．たとえば，ある商品についてのレビューが多数投稿されているとする．それぞれのレビューが肯定的なものか否定的なものかを，レビューに出現する単語とその頻度から判断することが考えられる．

本章では，簡単なセンチメント分析を試してみよう．あわせて，**ggplot2** パッケージによる作図の作法を再確認する．

2.1 日本語極性辞書

センチメント分析を行うには，単語ごとに感情（感性）の極性（ポジティブかネガティブか）を対応させた辞書が必要になる．一般に公開されている，単語ごとに極性値が定義された日本語の辞書としては以下がある．

- 日本語評価極性辞書

  東山昌彦，乾健太郎，松本裕治，述語の選択選好性に着目した名詞評価極性の獲得，言語処理学会第 14 回年次大会論文集，pp. 584–587, 2008./Masahiko Higashiyama, Kentaro Inui, Yuji Matsumoto. Learning Sentiment of Nouns from Selectional Preferences of Verbs and Adjectives, Proceedings of the 14th Annual Meeting of the Association for Natural Language Processing, pp. 584–587, 2008.

- 単語感情極性対応表

  高村大也，乾孝司，奥村学 "スピンモデルによる単語の感情極性抽出"，情報処理学会論文誌ジャーナル，Vol.47 No.02 pp. 627–637, 2006. `http://www.lr.pi.titech.ac.jp/~takamura/pndic_ja.html`

- 感情辞書 - Jianwei Zhang - 岩手大学

  `http://www.zl.cis.iwate-u.ac.jp/~zjw/wiki/index.php?`感性辞書

ここでは，比較的簡単な操作で取り込むことができる，単語感情極性対応表を利用さ

せてもらおう．データは，以下のように実行すれば，R に取り込むことができる（な
お，この辞書を利用した成果を公表する場合は，開発者に連絡することが求められる
ので留意されたい）．公開されているデータは Windows の文字コードで作成されて
いるので，Mac で利用する場合は UTF-8 に変換する必要がある．

```
dic <- read.table("http://www.lr.pi.titech.ac.jp/~takamura/pubs/pn_ja.dic",
    sep = ":", stringsAsFactors = FALSE, fileEncoding = "CP932"
    , encoding = "UTF-8" # Windowsでこの行は不要なので行頭に半角#を追記すること
)
```

　　まず，辞書データの冒頭部分を表示して，データ構造を確認する．データそのもの
には列名が設定されていないが，R によって自動的に，V で始まる変数名が付与され
ている．V1 列が単語，V2 列が読み，V3 列が品詞，そして V4 列が感情極性値で，最
大値（ポジティブ）は 1，最小値（ネガティブ）が −1 となる．

```
library(tidyverse)
## 冒頭15行を確認
dic %>% head(15)
```

```
       V1       V2     V3       V4
1    優れる  すぐれる   動詞  1.000000
2    良い      よい   形容詞  0.999995
3    喜ぶ    よろこぶ   動詞  0.999979
4    褒める    ほめる   動詞  0.999979
5   めでたい  めでたい  形容詞  0.999645
6    賢い    かしこい  形容詞  0.999486
7    善い      いい   形容詞  0.999314
8    適す      てきす   動詞  0.999295
9    天晴    あっぱれ   名詞  0.999267
10   祝う      いわう   動詞  0.999122
11   功績    こうせき   名詞  0.999104
12    賞      しょう   名詞  0.998943
13   嬉しい  うれしい  形容詞  0.998871
14   喜び    よろこび   名詞  0.998861
15   才知      さいち   名詞  0.998771
```

　　この辞書を利用するうえで留意しておきたいのは，同じ綴りの語が，その読み方に
よって異なる感情極性値をもつことである．以下では，V1 列の内容（つまり単語）ご
とにグループ化し，そのグループの構成要素数が 1 を超えるケース（つまり単語に重
複がある場合）を確認している．arrange() は，指定した列で昇順に並べ替えるメ

ソッドだが，これに desc() を併用すると降順になる．また，グループごとにデータ
をまとめて要約するなどの処理では，group_by() と summarize() を組み合わせて
使うことが多くなる．グループ化した要素の頻度を数えるには n() を使う．以下，や
や複雑な処理であるが，V1 列の単語をグループ化し，その頻度を数える．ほとんどの
単語はデータフレームに 1 個だけ登録されているが，中には 2 回以上出現している語
がある．これが重複である．

```
dic %>% group_by(V1) %>% filter(n() > 1) %>% arrange(desc(V1))
```

```
# A tibble: 4,504 x 4
# Groups:   V1 [2,050]
   V1    V2        V3      V4
   <chr> <chr>     <chr>   <dbl>
 1 麩    ふ        名詞    -0.510
 2 麩    ふすま    名詞    -0.603
 3 鶯    おう      名詞    -0.232
 4 鶯    うぐいす  名詞    -0.478
 5 鰊    かど      名詞    -0.164
 6 鰊    にしん    名詞    -0.463
 7 鯱    しゃち    名詞    -0.520
 8 鯱    しゃちほこ 名詞   -0.564
 9 鯔    いな      名詞    -0.227
10 鯔    ぼら      名詞    -0.253
# … with 4,494 more rows
```

　上記の出力から，たとえば「麩」に二つの読み方があり，それぞれ微妙に感情極性
値が異なることがわかる．

　つまり，この辞書から単語の感情極性値を決める場合，綴りと読みの両方を照合す
る必要がある．ただ，この辞書の読みが，本書で利用する日本語形態素解析器である
MeCab が出力した読みとは一致しない場合がある．たとえば「今日」は，MeCab で
読みは「きょう」となるが，単語感情極性対応表では「きょうび」となっている．そ
のため，感情極性値辞書と MeCab の出力を正確に照合するのは，多少面倒である．

　本章では，複数の読みがある単語については，それらの感情極性値の平均値を求め
て使うことにする．シンプルではあるが，同じ綴りの単語であれば，感情極性値に極
端な違いはないだろうと考えるのである．

　ただし，この仮定はあまりに単純であり，単語によっては感情極性値の得点にかな
り幅があることには注意されたい．以下では，重複した語ごとに，V4 列の値を最大値
と最小値の差で要約している．データフレームを group_by() で条件ごとにグループ

化し，その要約を求めるために summarize() を使う．

```
dic %>% arrange(desc(V1)) %>% group_by(V1) %>% filter(n() > 1) %>%
         summarize(Diff = (max(V4) - min(V4))) %>% arrange(Diff) %>% tail()
```

```
# A tibble: 6 x 2
  V1    Diff
  <chr> <dbl>
1 玉     1.69
2 父     1.72
3 五     1.79
4 様様   1.89
5 竹     1.90
6 大人   1.94
```

感情極性値の最大値は 1 で最小値は −1 であるから，たとえば「大人」は，ほぼこの範囲いっぱいの差がある．

```
dic %>% filter(V1 == "大人")
```

```
    V1        V2       V3       V4
1 大人     たいじん   名詞   0.982811
2 大人     だいにん   名詞   0.397852
3 大人     おとなしい 形容詞 0.243448
4 大人     おとな     名詞   0.178366
5 大人     うし       名詞   0.124680
6 大人     おとなびる 動詞  -0.375421
7 大人     おとなげない 形容詞 -0.960539
```

差が 1 を超える単語は 70 個ほどある．次のコードでは，辞書の V1 列（単語）でグループ化したうえで，極性値の平均値をとっている（すなわち，単語ごとに平均値で要約している）．また，本章で利用するのは単語と感情極性値だけであるので，この 2 列だけを残す．この際，列名を変更し，感情極性値（の平均値）を SCORE とし，単語の列を TERM としている．

```
dic <- dic %>% arrange(V1) %>% group_by(V1) %>%
           summarize(SCORE = mean(V4)) %>%
             select(TERM = V1, SCORE)
```

2.2 テキストを文で区切る

さて，辞書を用意したところで，1.1 節でダウンロードした『注文の多い料理店』の
ファイルに適用してみよう．ここでは，文ごとに感情極性値を求めて，冒頭から結末
まで時系列として表示してみたい．ただし，青空文庫のテキストデータでは，1 行が一
つの文に対応しているわけではない．表示では 1 行におさまっていても，複数の文か
らなっている場合もある．たとえば，形態素解析にかける前のテキストについて，43
行目を取り出してみよう．

```
chumon[43]
```

```
[1] "　二人は戸を押して、なかへ入りました。そこはすぐ廊下になっていました。その硝
子戸の裏側には、金文字でこうなっていました。"
```

テキストを，文を単位に区切るというのは，実はそれほど簡単な作業ではない．日
本語の場合，簡単な目安は句点であるが，会話文などでは，以下の例文のように句点
が置かれないこともある．

「それほど簡単な話ではないよ」

幸い，ここで扱っている小説では，カギ括弧に挟まれた会話文でも文末に句点が置か
れている．そこで，テキスト全体を，句点によって文の単位に区切ってしまおう．な
お，会話文のカギ括弧（「」）も，この段階で削除しておく．

手順としては，まず改行をテキスト全体に渡って取り除き，全体を一つの文字列に
まとめてしまってから作業をするのが簡単である（ただしテキストサイズが巨大な場
合，利用しているパソコンのメモリに載らない可能性もあるので注意が必要である）．
そして，結合した文字列を句点で区切る．これには str_split() にパターンとして
(?<=。) を指定する．これは後読みといわれる正規表現で，直前に「。」があるパター
ンにマッチする．つまり，「。」の直後で文字列を区切る．ただし，str_split() の
出力は R のリスト形式になっているので，unlist() でベクトルに戻す必要がある．
全角スペースを削除するには str_remove_all("　") を，またカギ括弧の削除では
str_remove_all("「|」") を実行する．間にある縦棒は「あるいは」に相当する．
ちなみに全角半角，あるいはタブ (Tab) を問わずにスペースを削除したい場合は，文字
クラスの [:space:] を使って，str_remove_all("[[:space:]]") としてもよい．

```
library(stringr)
## 全角スペースを削除し文単位に分割する
sent_chumon <- chumon %>% str_remove_all("　") %>%
                          str_split(pattern = "(?<=。)") %>% unlist()
## カギ括弧も削除
sent_chumon <- sent_chumon %>% str_remove_all("「|」")
## 空のレコード("")が残っていればこれを削除する
sent_chumon <- sent_chumon[sent_chumon != ""]
## 結果を確認
sent_chumon %>% head(3)
```

```
[1] "二人の若い紳士が、すっかりイギリスの兵隊のかたちをして、ぴかぴかする鉄砲をか
ついで、白熊のような犬を二疋つれて、だいぶ山奥の、木の葉のかさかさしたとこを、こん
なことを云いながら、あるいておりました。"
[2] "ぜんたい、ここらの山は怪しからんね。"
[3] "鳥も獣も一疋も居やがらん。"
```

　この結果をデータフレームに変換する．R の基本データ形式であるデータフレーム
でもよいが，ここでは tidyverse で使われる tibble に変換しよう．tibble はデータフ
レームを拡張したデータ構造だが，両者にはいくつか違いがある．たとえば，変数に
文字列を指定した場合，通常のデータフレームでは自動的に因子（カテゴリ）に変換
されるが，tibble では文字列のまま保存される．また，大きなデータを表示させて内
容を確認したい場合，データフレームでは head() を使って冒頭の数行だけを表示さ
せることが多いが（さもなければコンソール画面がデータで埋め尽くされる），tibble
では，デフォルトで冒頭の 10 行まで表示される仕様になっている（逆に，データ全体
を見渡すには，出力を改めてデータフレームに変換するなどの処理が必要になるが）．
総じて，tibble は通常のデータフレームよりも使いやすい．

　tibble データを作成する際，あわせて文の最初から最後まで連番 (ID) を振った列
を追加しよう．tidyverse では，列を追加するには mutate() を使う．なお，行に連
番を付与するには row_number() が便利である．

```
## 文番号を振っておく
sent_chumon <- tibble(S = sent_chumon) %>% mutate(ID = row_number())
## 冒頭の6行までを表示させる
sent_chumon %>% head()
```

```
# A tibble: 6 x 2
  S                                                                        ID
```

```
    <chr>                                                                  <int>
1   二人の若い紳士が、すっかりイギリスの兵隊のかたちをして、ぴかぴかする鉄砲をかつい
    で、白熊のような犬を二疋つれて、だいぶ山奥の、木の葉のかさかさ…                  1
2  ぜんたい、ここらの山は怪しからんね。                                           2
3  鳥も獣も一疋も居やがらん。                                                   3
4  なんでも構わないから、早くタンタアーンと、やって見たいもんだなあ。                  4
5  鹿の黄いろな横っ腹なんぞに、二三発お見舞もうしたら、ずいぶん痛快だろうねえ。…       5
6  くるくるまわって、それからどたっと倒れるだろうねえ。                            6
```

　ここで，文ごとに長さの違いを確認しておこう．文の長さは一般に文字数か単語数を単位とするが，ここでは nchar() を使って文字数を数えよう（なお，句読点を削除していないので，文字数には句点や読点も含まれている）．あわせて最長の文章と最短の文章をそれぞれ表示させてみる．

```
sent_chumon %>% mutate(N = nchar(S)) %>% filter(N == max(N) | N == min(N))
```

```
# A tibble: 3 x 3
  S                                                                    ID     N
  <chr>                                                             <int> <int>
1   二人の若い紳士が、すっかりイギリスの兵隊のかたちをして、ぴかぴかする鉄砲をかつ
   いで、白熊のような犬を二疋つれて、だいぶ山奥の、木の…                     1    99
2  山猫軒                                                             36     3
3  わん。                                                            223     3
```

　文の長さの違いは，その文の感情極性値の合計スコアに影響するはずだが，かといって単純にスコアを文長で割ってしまうのも適切とは思われない．さしあたり，ここでは文長の違いは無視し，単純に合計値をもって各文のスコアと判断する．

　次に，データフレーム (tibble) の各行，つまり文ごとに形態素解析を実施し，文の連番とともに保存する．一般に，文章の内容を分析するのであれば，品詞を指定して助詞などを省くのが適切だが，ここで利用している感情極性値辞書には助詞などはもともと登録されておらず，スコアが求められることはないので，テキストのデータフレームからわざわざ取り除く必要もない．

　さて，ここでは文の番号と，その形態素解析結果を対応させたデータフレームを作成したい．つまり出力として，文番号とその文に出現した単語の 2 列からなるデータフレームを生成する．そのため，文ごとに形態素解析にかけた結果をまとめ，これをデータフレームとして返す関数を別に定義しておく．この場合，文が 100 個あれば，100 個のデータフレームが生成されることになる．また，文中に 5 個の単語があれば，その文を表すデータフレームは 5 行 2 列になる．それぞれのデータフレームの行数は

異なるが，列数は同じであるため，最終的に連結すれば一つのデータフレームになる．

　まず，RMeCabC() でデータフレームのテキスト（文）列ごとに形態素に分割し，結果をデータフレームに変換する関数 rmecabc() を定義する．

```
library(RMeCab)
library(purrr)
## 文ごとに形態素解析にかけて結果をデータフレームにする処理
rmecabc <- function(id, sent){
    x <- unlist(RMeCabC(sent, 1))
    tibble(ID = id, TERM = x)
}
```

　文ごとにこの関数を適用するわけだが，返り値はそれぞれデータフレームである．この結果を結合して一つのデータフレームにまとめるには，**purrr** パッケージの map2_dfr() を併用するのが簡単である．わかりにくい処理となるが，まず map2_dfr() の第1引数に文の ID を，第2引数に文を指定すると，それぞれの要素ごとに，上に定義した関数 rmecabc() が適用され，データフレームが返ってくる．rmecabc() の前に置かれた記号チルダは，関数内で別の関数の実行を指定するために必要な記法である．

　ちなみに，**purrr** パッケージの map() などでは，内部で別の関数を指定できるが，後者の関数にさらに引数を指定する場合，その関数名の直前にチルダ記号を置く必要がある．たとえば，map() などの関数内部で~mean(x) と書くと function(x) {mean(x)} と展開される．つまり，関数を内部に含む別の関数が新たに生成される．これを「無名関数」という．無名関数で指定された引数（ここでは x) が実際に指す内容は，通常，文脈によって適切に判断される．ところが，これをチルダなしに mean(x) と書いてしまうと引数 x を特定する機能がなくなってしまうのである．以下の map2_dfr() には二つの引数があるが，これらを内部に指定された関数 rmecabc() の第1引数と第2引数に対応させるには，チルダが欠かせない．なお，..1 と ..2 は，関数の第1引数，第2引数を指定する記法である．これにより，文の番号と，そこに出現した単語のリストを表すデータフレームが生成される．

```
terms_chumon <- map2_dfr(sent_chumon$ID, sent_chumon$S,
                         ~ rmecabc(..1, ..2)
)
## 単語と出現した文番号がペアになったデータが生成される
terms_chumon
```

```
# A tibble: 3,218 x 2
      ID TERM
   <int> <chr>
 1     1 二
 2     1 人
 3     1 の
 4     1 若い
 5     1 紳士
 6     1 が
 7     1 、
 8     1 すっかり
 9     1 イギリス
10     1 の
# … with 3,208 more rows
```

2.3 感情極性値辞書の適用

2.2 節で作成したデータフレームと，先にダウンロードした単語感情極性対応表を結合する．left_join() を使うと，テキストのデータフレームに対して，辞書のデータフレームを結合することができる．結合には共通の列名（ここでは TERM ）が参照されるが，それぞれで列名が異なる場合は by=c("T"="TERM") のように指定する．

```
terms_chumon <- terms_chumon %>% left_join(dic)
```

さて，このデータフレームを文番号 (ID) ごとにグループ化して，それぞれの極性値の合計を計算する．この結果を EM 列として保存する．ただし，助詞など，辞書になく極性値が割り当てられていない単語が多数あるので，それは除外して合計を求めるため na.rm=TRUE を指定する．

```
em_chumon <- terms_chumon %>% group_by(ID) %>%
             summarise(EM = sum(SCORE, na.rm = TRUE))
```

EM 列を summary() で要約してみる．以下の出力で Min. は最小値，Median は中央値，Mean は平均値，Max. は最大値である．1st Qu. と 3rd Qu. は第 1 四分位と第 3 四分位にあたる．

```
em_chumon %>% select(EM) %>% summary()
```

```
        EM
Min.    :-12.9732
1st Qu.: -2.3827
Median : -1.2325
Mean   : -1.6223
3rd Qu.: -0.4227
Max.   :  1.4585
```

単語感情極性対応表は，全体としてネガティブなスコアの言葉が多いため，文章中の合計値の最大値（もっともポジティブな文に相当）が 1 程度であるのに対して，最小値（もっともネガティブな文）は −13 近くにもなっている．

感情極性値が最小である文を取り出してみよう．なお，tibble では長い文は切り詰めて表示されるので，これを防ぐ必要がある．ここでは，パイプ演算子による処理の最後に pull() を加えている．

```
em_chumon %>% filter(EM == min(EM)) %>% left_join(sent_chumon) %>%
             select(S) %>% pull()
```

```
Joining, by = "ID"
[1] "だからさ、西洋料理店というのは、ぼくの考えるところでは、西洋料理を、来た人に
たべさせるのではなくて、来た人を西洋料理にして、食べてやる家とこういうことなんだ。"
```

少なくともこの文は，短編の流れにおいて重要な区切りと判断できるだろう．

2.4 感情極性値の時系列

文ごとの感情極性値合計の流れを，時系列として可視化してみよう．いわゆる折れ線グラフを描くには，geom_line() を使う．

```
em_chumon %>% ggplot(aes(x = ID, y = EM)) + geom_line()
```

図 2.1 のグラフから，−5 より小さな感情極性値になる文（プロットで下方向に線が伸びている箇所）が，テキストの流れの中で何らかの変節点となっていると考えられるであろうか？ 該当する文を表示させてみよう．

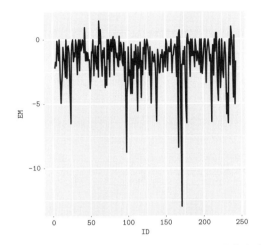

図 2.1 『注文の多い料理店』における文ごとの感情極性値合計の変化

```
em_chumon %>% filter(EM < -5) %>% left_join(sent_chumon) %>% select(S) %>% pull()
```

```
Joining, by = "ID"
 [1] "風がどうと吹いてきて、草はざわざわ、木の葉はかさかさ、木はごとんごとんと鳴り
ました。"
 [2] "ブラシを板の上に置くや否や、そいつがぼうっとかすんで無くなって、風がどうっと
室の中に入ってきました。"
 [3] "二人は帽子とオーバーコートを釘にかけ、靴をぬいでぺたぺたあるいて扉の中にはい
りました。"
 [4] "二人は壺のクリームを、顔に塗って手に塗ってそれから靴下をぬいで足に塗りまし
た。"
 [5] "なるほど立派な青い瀬戸の塩壺は置いてありましたが、こんどというこんどは二人と
もぎょっとしてお互にクリームをたくさん塗った顔を見合せました。"
 [6] "だからさ、西洋料理店というのは、ぼくの考えるところでは、西洋料理を、来た人に
たべさせるのではなくて、来た人を西洋料理にして、食べてやる家とこういうことなんだ。"
 [7] "がたがたしながら一人の紳士はうしろの戸を押そうとしましたが、どうです、戸はも
う一分も動きませんでした。"
 [8] "奥の方にはまだ一枚扉があって、大きなかぎ穴が二つつき、銀いろのホークとナイフ
の形が切りだしてあって、"
 [9] "二人はあんまり心を痛めたために、顔がまるでくしゃくしゃの紙屑のようになり、お
互にその顔を見合せ、ぶるぶるふるえ、声もなく泣きました。"
[10] "室はけむりのように消え、二人は寒さにぶるぶるふるえて、草の中に立っていまし
た。"
[11] "風がどうと吹いてきて、草はざわざわ、木の葉はかさかさ、木はごとんごとんと鳴り
ました。"
[12] "そして猟師のもってきた団子をたべ、途中で十円だけ山鳥を買って東京に帰りまし
た。"
```

　ここで，時系列に文長（文字数）を重ねてみよう．なお，以下のグラフは 2 軸グラフである．つまり，縦軸の目盛りが左右で異なる．こうしたグラフは解釈をミスリードする可能性があるので，一般には推奨されない．ここでは引数 `sec.axis` を指定して，やや強引に描画している．データ幅の異なる変数二つを同じプロットに描くには，グラフの縦軸で，一方の数値を他方の数値に合わせる必要がある．

　厳密に二つの変数のスケールを調整するには，**scales** パッケージの `rescale()` が役に立つ．ここでは，二つの時系列を上下にはっきりと分離して描くため，EM 列の値を 5 倍している．ただし，縦軸右のラベルは EM のもとの大きさに戻す必要がある．そこで，`scale_y_continuous()` の引数 `sec.axis` に `sec_axis()` を指定し，その第 1 引数で EM 列（ドットで表現されている）を 5 で割っている．

```
em_chumon %>% left_join(sent_chumon %>% mutate(L = nchar(S))) %>%
            ggplot() + geom_line(aes(ID, EM * 5), colour = "red") +
            geom_line(aes(ID, L), colour = "blue") +
            scale_y_continuous(name = "文長",
                                    sec.axis = sec_axis(~ . /5,
                                        name = "感情極性値"))
```

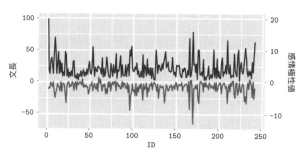

図 2.2　感情極性値と文長の対応

　図 2.2 の上半分の折れ線が文長に対応する．このグラフからは，文が長くなると感情極性値の合計スコアの変化も大きくなることがうかがえる．あるいは，テキストの節目節目において文が長くなる傾向があるとすれば，テキストの流れの変節点は，単に長い文が出現する位置を探せばいいのかもしれない．

3 構造的トピックモデル

トピックモデルは，あるテキスト（群）の主題と，その主題と密接に関係する（確率的に一緒に出現しやすい）単語を探る手法である．テキストの主題をトピックという．たとえば，あるテキスト群に五つのトピックがあるとすると，テキストごとに五つのトピックの反映された割合は異なっていると考えられる．「政治」トピックの割合が高ければ，そのテキストの内容は政治関係だと判断されるだろう．また，「政治」トピックで出現しやすい単語が推定される．つまり，トピックモデルを使えば，ある単語とあるトピックとの関連性の強さが確認できる．

たとえば，新聞には「スポーツ」を主題とする記事，「政治」を主題とする記事などがある．しかしながら，ある記事の主題は一つとは限らない．スポーツ選手が国会議員に立候補することを報じている場合，主題は「政治」と「スポーツ」の両方であり，どちらかといえば前者が強調されていると考えられるだろう．

また，「政治」を主題とするテキストであれば，出現しやすい単語があるだろう．「選挙」や「予算」などが典型例であるが，もちろん「予算」という語が出現しやすいのは，「政治」トピックだけではない．

実際には，分類されたトピックのそれぞれが何を表しているのか（何に主題を置いたテキストであるのか）は，それぞれのトピックに出現しやすい単語のリストから，分析者が判断して名付けることになる．

本章では，最初に戦後の総理大臣所信表明演説におけるトピックの時系列の変化を，構造的トピックモデル (structural topic model) を実装した stm パッケージによって確かめてみよう．続いて，夏目漱石の『こころ』が三つのパートに分かれていることを利用して，パートごとのトピックの違いを明らかにする．

3.1 トピックの分析方法

トピックモデルを実現する方法としては，LSI (latent semantic index) や LDA (latent Dirichlet allocation) がある．ちなみに，Dirichlet というのは数学者の名前にちなんだ確率分布のことで，ここでは単語の出現確率を近似する目的で使われる．LSI も LDA も文献[1]で紹介しており，後者については戦後の歴代総理大臣の所信表明演説からトピックを推定する方法を取り上げた．しかしながら，戦後 70 年の期間，総理大臣の所信表明演説の内容，つまりトピックが常に同じであるとは考えられない．当然，その時代に特有のトピックが存在するはずであり，所信表明演説に出現しやす

い単語も年々変わっているはずである．一般に，トピックモデルではトピックは相互に独立であると仮定しているが，たとえば「政治」と「経済」それぞれに相当するトピック間に，相関がないとは考えにくい．

　時間の変化（つまり時系列）にそってトピックの変化を探るには，いくつかの方法が考えられる．Kleinberg が考案した bursts は，あるキーワードが急激に増える時点を推定するのによく用いられる．また DTM (dynamic topic model) は，前述のトピックモデルに時間の変化を導入したモデルである．すなわち，トピックも単語も，その出現確率が変化していくことを想定した分析手法である．

　一方，構造的トピックモデルは，トピック間に相関を想定した相関トピックモデル (correlated topic model) の一種で，これに topical prevalence と topical content というメタ情報を組み込んだ分析手法である．topical prevalence とは，あるトピックと関連するドキュメントの割合を指し，topical content は，あるトピックで利用される単語群を指す．

3.2　総理大臣所信表明演説の解析

　Github で公開されている歴代総理大臣所信表明演説データ (`https://github.com/yuukimiyo/GeneralPolicySpeechOfPrimeMinisterOfJapan`) を利用させてもらおう．このレポジトリには，それぞれの所信表明演説ファイル名が長い（詳細な）バージョンと，名前の短い（日本語）バージョンがあるが，ここで対象とするのは名前に日付が含まれている長いほう (longfilename) である．ダウンロードすると，data/prime フォルダに sjis と utf8 のフォルダが用意されている．このうち longfilename フォルダの utf8 フォルダに配置されているファイル集合を利用する．以下では，これらのフォルダとファイルが，R の実行フォルダ（`getwd()` で確認できる）の data フォルダに保存されていることを想定した例を示す．なお，Windows 版 R のバージョン 4.1 以前を使う場合は，sjis フォルダに保存されたファイルを読み込む必要があるので注意されたい．まず，utf8 フォルダ内のすべてのファイル（演説）を形態素解析にかける．

```
library(RMeCab)
prime <- docDF("data/prime/utf8", type = 1, pos = c("名詞", "形容詞", "動詞"))
```

　この段階で `prime` は単語文書行列になっており，各列が演説ファイルに対応している．ただし，それぞれの列名は非常に長い．たとえば，吉田茂の所信表明演説であれば，19531130_18_yoshida-shigeru_general-policy-speech.txt となっている．そこで，列名を切り詰めて，名前の先頭の年号と，総理大臣の名前にまとめてしまう．

```
## 列名を短縮する
library(magrittr)
colnames(prime) %<>% str_replace("_general-policy-speech.txt", "")
colnames(prime) %<>% str_replace("(\\d{4})\\d{4}_(\\d{3})", "\\1_\\2")
```

ここで，**%<>%** は **magrittr** パッケージの演算子で，パイプ処理の結果でデータを上書きすることを表す.

3.3 ストップワードの削除

docDF() を実行する際に，抽出する品詞を限定しているものの，「こと」「よう」など，テキストの内容やトピックとの関連性の薄い語彙がまだ残っている．また，数詞（半角ないし全角による数字，漢数字）についても，本節では削除したい．こうした語をストップワードという．ストップワードを削除するには，品詞の細分類である POS2 を参照し，たとえば，ここが「数」となっているレコードを一括して省く方法や，別に用意された単語リストを参照する方法がある．

ここでは，京都大学情報学研究科社会情報学専攻田中克己研究室で開発公開されている SlothLib (http://www.dl.kuis.kyoto-u.ac.jp/slothlib/) から，ストップワードのリストを取り込んで利用させてもらおう．

まず，現在のデータ数（次元）を確認しておく．

```
prime %>% dim()
```

```
[1] 7780    85
```

最初に数詞を削除する．

```
prime <- prime %>% filter(POS2 != "数")
```

次に，ストップワードをダウンロードしてデータフレームにする．また，ダウンロードしたストップワードに，独自にいくつかの語を追加しておく．これらは，prime の TERM 列をワードクラウドとして描くなどして確認し，削除候補を絞っていった．

```
stop_words  <- read_tsv(
   "http://svn.sourceforge.jp/svnroot/slothlib/CSharp/Version1/SlothLib/NLP/
   Filter/StopWord/word/Japanese.txt", col_names = "TERM")
```

```
ja_stop_words <- stop_words %>%
                add_row(TERM = c("ある", "する", "てる",
                                 "いる", "の", "いう", "しまう",
                                 "なる", "おる", "ん", "の", "れる"))
```

anti_join() で，prime の TERM 列が，ja_stop_words の TERM 列と一致するレコードを削除する．

```
prime <- prime %>% anti_join(ja_stop_words)
```

結果の行数を確認する．

```
prime %>% dim()
```

```
[1] 7461    85
```

300 語近くが削除されている．なお，語数を間引く方法としては，tm パッケージで単語文書行列に変換して，removeSparseTerms() を使うこともできるが，詳細は 3.7 節で説明する．

続いて，このデータフレームを行列に変換し，TERM 列の情報は，行列の行属性（行の名前）に移す．ただし，docDF() の出力では，まったく同じ語形であっても品詞情報（POS1 ないし POS2）が異なる場合，別データとして分けて記載されている．行列では行名に重複は許されないので，この場合，エラーになってしまう．そこで，TERM に重複があるかどうかを確認しておく必要がある．

```
duplicated_terms <- prime %>% select(TERM) %>% group_by(TERM) %>%
                    summarize(N = n()) %>% arrange(desc(N)) %>% filter (N > 1)
duplicated_terms
```

```
# A tibble: 170 x 2
  TERM        N
  <chr>    <int>
1 機          3
2 源          3
3 側          3
4 物          3
5 米          3
```

```
 6 ASEM      2
 7 EPA       2
 8 IT         2
 9 NGO       2
10 ODA       2
# … with 160 more rows
```

かなりの数の重複が認められる．今回，品詞情報は使わないので，重複する行は，以下のように POS1 と POS2 の情報を省き，1 行にまとめてしまおう．その際，重複する行それぞれの列を合計する．たとえば，以下のようなデータフレームがあるとする．

```
df <- tibble(TERM = c("機", "機", "木"), Col1 = 1:3, Col2 = 1:3)
df
```

```
# A tibble: 3 x 3
  TERM   Col1  Col2
  <chr> <int> <int>
1 機        1     1
2 機        2     2
3 木        3     3
```

TERM 列に重複があるので，1 行にまとめたいが，Col1 列と Col2 列の数値は合算したいとする．これを tidyverse 流に行うには，TERM 列でグループ化して列を要約するという処理を行うが，この要約処理に使う関数として sum() を指定する．

```
df %>% group_by(TERM) %>% summarize_all(funs(sum))
```

```
# A tibble: 2 x 3
  TERM   Col1  Col2
  <chr> <int> <int>
1 機        3     3
2 木        3     3
```

なお，最新バージョンの tidyverse では，summarize_all() の引数に funs() を指定すると警告が出る．動作に問題はないが，気になる場合は funs() を list() に置き換えるとよい．ここでは summarize_all() を使っており，funs() に適用する関数 sum() を指定している．

```
prime2 <- prime %>% select(-c(POS1, POS2)) %>% group_by(TERM) %>%
                    summarize_all(funs(sum))
```

　重複が消えているかを確認する．語の重複を省いたデータフレームの TERM 列をグ
ループ化し，各グループ（つまり語の）行数が 1 を超える行を表示する．重複が調整
されているのであれば，出力は空になるはずである．

```
duplicated_terms2 <- prime2 %>% select(TERM) %>% group_by(TERM) %>%
                    summarize(N = n()) %>% filter (N > 1)
duplicated_terms2
```

```
# A tibble: 0 x 2
# … with 2 variables: TERM <chr>, N <int>
```

3.4　stm パッケージのためのデータ変換

　ここまでデータフレームに複数の前処理を重ねてきたが，この段階でも，まだ stm
パッケージに適用できない．まず，データの行と列を入れ替えて，文書単語行列に変
換し，続いて単語と文書のそれぞれに分けたリスト形式に変換する必要がある．
　データフレームを行列に変換するにあたり，文字情報の列 (TERM) はデータとして
は抜き出し，改めて行列の行情報（行名）として追加する．

```
prime3 <- prime2 %>% select(-TERM) %>% as.matrix()
rownames(prime3) <- prime2 %>% select(TERM) %>% pull()
```

　ここで，いったん tm パッケージの as.DocumentTermMatrix() で文書単語行列
に変換する．この関数には引数として重みを指定する必要があるが，ここでは元の頻
度をそのまま使うために weighting=weightTf としている．重みの詳細については，
文献[1]の第 5 章を参照されたい．

```
library(tm)
prime3 <- prime3 %>% t() %>% as.DocumentTermMatrix(weighting = weightTf)
```

　次に，stm の readCorpus() でリスト形式に変換する．

```
library(stm)
prime_dfm <- readCorpus(prime3, type = "slam")
```

歴代総理大臣の所信表明演説から作成した文書単語リストに，時間軸の情報を追加する．これは，文書名の冒頭 4 文字を str_sub() で取り出して数値に変換すればよい．

ここで，readCorpus() の返したオブジェクト prime_dfm に年代の情報を加える．これにより，演説の行われた時代を考慮したトピックモデルが可能になる．以下のようにして meta という属性を用意し，その要素に西暦の情報をリストとして加える．

```
## 年代を表す列を追加する
prime_year <- prime_dfm[["documents"]] %>% names() %>% str_sub(1,4)
prime_dfm$meta <- list(Year = as.numeric(prime_year))
```

これでデータの準備が整った．

3.5 stm パッケージによるトピック数の推定

トピックモデルでは，トピック数をユーザーの側で指定するが，事前に適切なトピック数についての情報がない場合，感覚的に指定するか，あるいは stm に推定させる必要がある．stm パッケージには，適切なトピック数を推定する関数 searchK() がある．たとえば，以下のように実行すると，引数 K に指定した範囲で適切なトピック数が検証される（かなり時間がかかるので注意されたい）．ただし，推定には乱数が使われているため，実行のたびに結果は異なる．そこで，何度か実行したうえで，総合的に判断したほうがいいだろう．なお，stm パッケージの関数では，set.seed() で乱数の種を指定しても効果はない．詳細は stm パッケージのビネットを参照されたい．

```
prime_selectedK <- searchK(documents = prime_dfm$documents,
                           vocab = prime_dfm$vocab, K = 3:10,
                           data = prime_dfm$meta)
```

結果を可視化してみる．

```
prime_selectedK$results %>% select(K, lbound, residual, semcoh, heldout) %>%
             pivot_longer(-K, names_to = "Metric", values_to = "Value") %>%
             mutate(K = unlist(K), Value = unlist(Value))  %>%
             ggplot(aes(x = K, y = Value, group = Metric)) +
                   geom_line(size = 1.5, alpha = 0.7, show.legend =
```

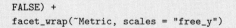

```
                              FALSE) +
                              facet_wrap(~Metric, scales = "free_y")
```

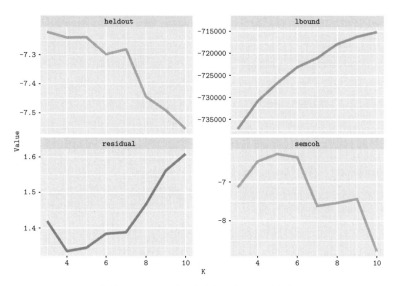

図 3.1　各種指標による最適な K の推定値

　heldout likelihood, lbound, residual dispersion, semantic coherence のそれぞれについて，K を変えて求めた場合の結果が出力されている（図 3.1）．これらの指標の意味は，`?semanticCoherence`, `?eval.heldout`, `?checkResiduals` を実行すると表示される．この結果から，residual dispersion では最小値に相当する 4 が，また semantic coherence では最大値の 5 の前後の整数値が最適なトピック数と解釈できる．以下ではトピック数を 4 と指定して分析を実行する．

3.6　**トピックモデルの実行**

■**3.6.1**　**線形モデル**

　実際に，歴代総理大臣の所信表明演説に現れるトピックが時代によって変化しているかを確認しよう．トピックモデルに共変量 (`prevalence`) として年代（整数）を導入する．共変量は，ある演説に対する各トピックの割合に影響を与えると想定される．

```
prime_cov <- stm(documents = prime_dfm$documents,
                 vocab = prime_dfm$vocab, K = 4, prevalence =~ Year,
                 init.type = "Spectral", seed = 123,
```

```
                    data = prime_dfm$meta, verbose = FALSE)
```

推定されたトピックを確認してみよう.

```
summary(prime_cov)
```

```
A topic model with 4 topics, 82 documents and a 7305 word dictionary.
Topic 1 Top Words:
        Highest Prob: 拍手, わが国, 国民, 経済, 政府, いたす, 問題
        FREX: 行なう, 縄, つとめる, すみやか, はかる, わが国, 物価
        Lift: ILO, あう, アジア開発銀行, あずかる, あせる, あそばす, あたたまる
        Score: わが国, 縄, 行なう, はかる, すみやか, 物価, つとめる
Topic 2 Top Words:
        Highest Prob: 日本, いく, 経済, 国民, まいる, 社会, できる
        FREX: 福島, 原発, 全て, 被災, 大震災, あす, 復興
        Lift: 0, 1, 2, 20, 5, FTAAP, G7
        Score: 福島, 原発, 全て, 再生, 拉致, 東日本, 我が国
Topic 3 Top Words:
        Highest Prob: まいる, 経済, 政治, 国民, 改革, いく, 社会
        FREX: 税制, 土地, 行財政, サミット, 図る, 大国, 内需
        Lift: NIES, NTT, ODA, SDI, アクション, アルシュ・サミット, アンゴラ
        Score: 我が国, サミット, 図る, 内需, 証券, 答申, 調和
Topic 4 Top Words:
        Highest Prob: まいる, 改革, 国民, 社会, 経済, 我が国, 日本
        FREX: 新生, IT, 不良, 平成, システム, 構造, 情報
        Lift: ASEM, COP, NGO, アインシュタイン, あきらめる, アニメ, いらっしゃる
        Score: 我が国, 新生, IT, 沖縄, 郵政, 再生, インターネット
```

トピックごとに四つの指標が表示されている. 直感的には, Highest Prob はトピックごとに出現確率がもっとも高いと推定された語群であり, FREX はそのトピックを特徴づける語群, Lift はそのトピックに特に現れやすい語群, Score は頻度情報のTF-IDF に近い指標で, すべてのトピック分布が考慮されたランクで上位の語群である. **stm** での計算アルゴリズムについては, `?labelTopics` で関連情報を確認できる.

この結果では, トピック 1 は戦後の内閣, トピック 2 は民主党政権の前後, トピック 3 はバブル期までの経済に関する話題, そしてトピック 4 は小泉政権前後の構造改革路線を示唆しているように思える.

年代について, その影響度合いを推定しよう. meta 属性にリストとして保存した年代情報とトピックとの関係については, `estimateEffect()` で確認できる. なお, 計算過程で乱数が使われているため, 実行するたびに結果は微妙に異なる (`?thetaPosterior` を参照されたい). 結果は回帰分析と同じようにして確認することができる.

```
prime_topic_estimate <- estimateEffect(formula = 1:4 ~ Year,
                                       stmobj = prime_cov,
                                       metadata = prime_dfm$meta)
summary(prime_topic_estimate)
```

```
Call:
estimateEffect(formula = 1:4 ~ Year, stmobj = prime_cov,
              metadata = prime_dfm$meta)


Topic 1:

Coefficients:
            Estimate Std. Error t value Pr(>|t|)
(Intercept) 43.763004   3.111177   14.07   <2e-16 ***
Year        -0.021867   0.001565  -13.97   <2e-16 ***
---
Signif. codes:  0 '***' 0.001 '**' 0.01 '*' 0.05 '.' 0.1 ' ' 1


Topic 2:

Coefficients:
            Estimate Std. Error t value Pr(>|t|)
(Intercept) -13.654899   3.983326  -3.428 0.000963 ***
Year          0.006936   0.002009   3.452 0.000892 ***
---
Signif. codes:  0 '***' 0.001 '**' 0.01 '*' 0.05 '.' 0.1 ' ' 1


Topic 3:

Coefficients:
            Estimate Std. Error t value Pr(>|t|)
(Intercept) -2.115524   4.988780  -0.424    0.673
Year         0.001203   0.002513   0.479    0.633


Topic 4:

Coefficients:
            Estimate Std. Error t value Pr(>|t|)
(Intercept) -26.957714   4.747447  -5.678 2.11e-07 ***
Year          0.013711   0.002394   5.726 1.73e-07 ***
---
Signif. codes:  0 '***' 0.001 '**' 0.01 '*' 0.05 '.' 0.1 ' ' 1
```

トピック3については，Year項が有意ではない．これは，経済成長についての言及が歴代総理大臣の演説には常に一定程度現れており，トピック3に限らないと解釈できるかもしれない．その他のトピックについては，年代による変化があるといえそうである．この結果は，図3.2のようにプロットできる．

```
plot(prime_topic_estimate, "Year", method = "continuous",
    topics = 1:4, model = prime_cov)
```

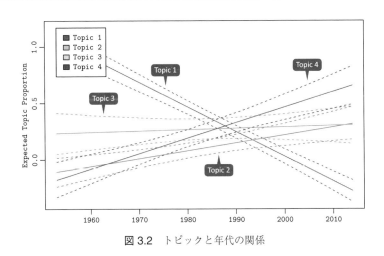

図3.2　トピックと年代の関係

モデルが線形なので，いずれのトピックの変化も直線で表されている．トピック1に特徴的な語は年代とともに減少しており，トピック3は横ばいであるのに対して，トピック2と4に典型的な語は単調に増加している．

■3.6.2　非線形モデル

ここで，時間を非線形に表現するため，回帰スプラインを施してみる．以下では4次のスプラインを指定している．

```
prime_cov2 <- stm(documents = prime_dfm$documents,
                  vocab = prime_dfm$vocab, K = 4, prevalence =~ s(Year, 4),
                  init.type = "Spectral", seed = 123,
                  data = prime_dfm$meta, verbose = FALSE)
summary(prime_cov2)
```

```
A topic model with 4 topics, 82 documents and a 7305 word dictionary.
Topic 1 Top Words:
```

```
          Highest Prob: 拍手，国民，わが国，経済，政府，いたす，問題
          FREX: 行なう，縄，つとめる，すみやか，わが国，はかる，物価
          Lift: ILO，アイゼンハワー，あう，あがる，アジア開発銀行，あずかる，
                あせる
          Score: わが国，縄，行なう，はかる，すみやか，物価，つとめる
Topic 2 Top Words:
          Highest Prob: 日本，いく，経済，国民，まいる，社会，できる
          FREX: 福島，原発，全て，大震災，被災，あす，民主党
          Lift: お母さん，サイバー，ねじれ，パッケージ，営み，延べ，押す
          Score: 福島，原発，全て，再生，拉致，東日本，我が国
Topic 3 Top Words:
          Highest Prob: まいる，経済，政治，国民，改革，いく，社会
          FREX: 税制，土地，行財政，図る，サミット，大国，内需
          Lift: NIES，NTT，ODA，SDI，アクション，アルシュ・サミット，アンゴラ
          Score: 我が国，サミット，図る，証券，答申，地球，構築
Topic 4 Top Words:
          Highest Prob: まいる，改革，国民，社会，経済，我が国，できる
          FREX: 新生，IT，不良，平成，構造，情報，システム
          Lift: ASEM，COP，NGO，アインシュタイン，あきらめる，アニメ，
                いらっしゃる
          Score: 我が国，新生，IT，沖縄，郵政，再生，民営
```

トピックごとに出現確率の高い単語については，大きな変化はないように思える．こちらも年代の影響度合いを推定しよう．

```
prime_topic_estimate2 <- estimateEffect(formula = 1:4 ~ s(Year, 4),
                                        stmobj = prime_cov2,
                                        metadata = prime_dfm$meta)
summary(prime_topic_estimate2)
```

```
Call:
estimateEffect(formula = 1:4 ~ s(Year, 4), stmobj = prime_cov2,
    metadata = prime_dfm$meta)


Topic 1:

Coefficients:
            Estimate Std. Error t value Pr(>|t|)
(Intercept)  0.71515    0.09013   7.935 1.36e-11 ***
s(Year, 4)1  0.99363    0.16146   6.154 3.16e-08 ***
s(Year, 4)2 -1.43277    0.12345 -11.606  < 2e-16 ***
s(Year, 4)3 -0.51298    0.14823  -3.461 0.000882 ***
s(Year, 4)4 -0.76998    0.09508  -8.098 6.58e-12 ***
---
```

```
Signif. codes:  0  '***'  0.001  '**'  0.01  '*'  0.05  '.'  0.1  ' '  1


Topic 2:

Coefficients:
             Estimate Std. Error t value Pr(>|t|)
(Intercept)    0.1299     0.1127   1.153  0.25238
s(Year, 4)1   -0.3142     0.2136  -1.471  0.14539
s(Year, 4)2    0.2833     0.1447   1.958  0.05385 .
s(Year, 4)3   -0.5345     0.1769  -3.021  0.00342 **
s(Year, 4)4    1.0221     0.1288   7.937 1.35e-11 ***
---
Signif. codes:  0  '***'  0.001  '**'  0.01  '*'  0.05  '.'  0.1  ' '  1


Topic 3:

Coefficients:
             Estimate Std. Error t value Pr(>|t|)
(Intercept)    0.2804     0.1036   2.706  0.00838 **
s(Year, 4)1   -1.3541     0.2088  -6.485 7.70e-09 ***
s(Year, 4)2    2.4366     0.1814  13.433  < 2e-16 ***
s(Year, 4)3   -1.0178     0.1756  -5.796 1.41e-07 ***
s(Year, 4)4   -0.1187     0.1318  -0.900  0.37069
---
Signif. codes:  0  '***'  0.001  '**'  0.01  '*'  0.05  '.'  0.1  ' '  1


Topic 4:

Coefficients:
             Estimate Std. Error t value Pr(>|t|)
(Intercept)   -0.1223     0.1131  -1.081  0.28315
s(Year, 4)1    0.6685     0.2216   3.017  0.00346 **
s(Year, 4)2   -1.2861     0.1791  -7.180 3.79e-10 ***
s(Year, 4)3    2.0602     0.1924  10.710  < 2e-16 ***
s(Year, 4)4   -0.1355     0.1503  -0.902  0.37008
---
Signif. codes:  0  '***'  0.001  '**'  0.01  '*'  0.05  '.'  0.1  ' '  1
```

　この場合，いずれのトピックにおいても，トピックの変化には何らかの時間的要因が作用していると考えられそうである．この結果を図示してみよう．

```
plot(prime_topic_estimate2, "Year", method = "continuous",
    topics = 1:4, model = prime_cov)
```

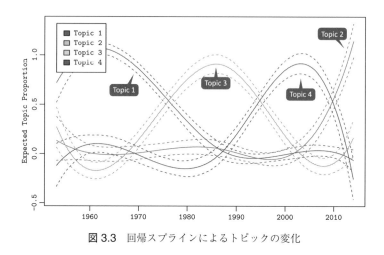

図 3.3 回帰スプラインによるトピックの変化

図 3.3 からは，トピック 1 は戦後にピークがあり，その後は急速に減少していることがわかる．一方，トピック 2 は直近，トピック 3 はバブル期，そしてトピック 4 は 2000 年から 2005 年にかけてピークが確認できる．

■3.6.3　政党によるトピックの違い

次に，2004 年の第二次小泉内閣から，途中に民主党政権を挟んで，2013 年の第二次安倍内閣で再び自民党に政権が代わるまでの総理大臣の所信表明演説にトピックモデルを適用してみよう．この際，トピックごとの単語の使い方に政党の違いが反映されるようなモデルを指定する．

まず，3.3 節で作成した単語文書行列から，該当する総理大臣所信表明演説に対応する列を抽出する．`prime2` データフレームから，単語列と，69 列目から 82 列目を取り出した `prime3` というデータフレームを生成し，列名を確認する（出力は省略する）．

```
prime3 <- prime2[, c(1,69:82)]
```

所信表明演説の多くを削除したため，残した 14 本の所信表明演説のいずれにも出現していない単語がデータフレームには残されているので，これを削除する．ここでは `prime3` の（TERM 列を除いた）各列の成分を確認し，すべてのテキスト（抽出した所信表明演説）で出現頻度が 0 の行（つまり TERM）を削除する．そのために，まず各 TERM の頻度合計（行合計）を求めて，この結果を新たに N 列として追加し，N 列の数値が 0 を超える行だけを取り出して上書きする．また，各総理大臣の所属政党を表すベクトルを作成する．ここでは自民党を LDP，また民主党を DPJ と略記する．

```
prime3 <- prime3 %>% mutate(N = prime3 %>% select(-TERM) %>% rowSums(.)) %>%
                     filter(N > 0)
prime3_party <- c("LDP","LDP","LDP","LDP","LDP","LDP", "DPJ","DPJ","DPJ","DPJ",
                  "DPJ","DPJ","LDP","LDP")
```

次に，データフレームを行列に変換するため TERM 列を削除するが，その前に TERM の単語を文字ベクトルとして保存しておく．

```
prime3_terms <- prime3 %>% select(TERM) %>% pull()
prime3 <- prime3 %>% select(-c(TERM, N)) %>% as.matrix()
```

行列を生成したら，その行名として，保存しておいた TERM ベクトルを指定する．

```
rownames(prime3) <- prime3_terms
```

prime3 を文書単語行列に変換してリスト化する．

```
prime3 <- prime3 %>% t() %>% as.DocumentTermMatrix(weighting = weightTf)
prime3_dfm <- readCorpus(prime3, type = "slam")
```

メタ情報のリストに政党を表すベクトルを追加する．

```
prime3_dfm$meta <- list(Party = prime3_party)
```

stm() でトピックモデルを推定する．K はここでも 4 とするが，新たに引数 content に政党を表すメタ情報を指定する．

```
prime3_cov <- stm(documents = prime3_dfm$documents,
                  vocab = prime3_dfm$vocab, K = 4,
                  content =~ Party,
                  init.type = "Spectral", seed = 123,
                  data = prime3_dfm$meta, verbose = FALSE)
summary(prime3_cov)
```

```
A topic model with 4 topics, 14 documents and a 3903 word dictionary.
Topic Words:
 Topic 1: 率先, 不信, 命, だれ, 率直, ネットワーク, 権益
 Topic 2: 管理, きずな, 繰り返す, 開拓, 大震災, 教訓, 懸命
```

```
Topic 3: 産物, 成田, 注目, 農水, おいしい, パッケージ, 長引く
Topic 4: 段階, 水産, 提示, 需要, 経営, 抵抗, 巨額

Covariate Words:
Group DPJ: 鳩山, 無駄遣い, 拡充, 掲げる, 掃除, モデル, 単純
Group LDP: 唱える, 届く, 本, 数々, 国益, 海上, あわせる

Topic-Covariate Interactions:
Topic 1, Group DPJ: 幸せ, いらっしゃる, 共感, 住職, 税金, 友愛, 架け橋
Topic 1, Group LDP: 郵政, 徹底, 一体, 人口, 補助, サービス, 資金

Topic 2, Group DPJ: 革命, あした, 仮設, 花, 種, 先行き, 中間
Topic 2, Group LDP: 市民, 創出, 危機, 突破, 小学校, 少女, 共同

Topic 3, Group DPJ:
Topic 3, Group LDP: 意志, 生産, 官, 農地, 応える, 福島, 加速

Topic 4, Group DPJ: 打ち破る, 基地, 閉塞, 低迷, 寄り添う, 背景, 今月
Topic 4, Group LDP: 民主党, 信用, おく, 伺う, 存じる, 起きる, おわび
```

四つのトピックと代表的な単語が推定されているが，それぞれのトピックで所属政党ごとに使い分けがあることが Group として表示されている．

トピック 2 について，政党と単語の関連性をグラフで表現してみよう．引数 type に perspective を指定することで，政党の違いを反映させたグラフが得られる．

```
plot(prime3_cov, type = "perspective", topics = 2)
```

図 3.4 　それぞれの政党に特徴的なトピック

図 3.4 の左の民主党サイドには「政治」,「大震災」,「被災」というキーワードが見られ，一方，右の自民党サイドには「経済」,「復興」,「再生」があるのが確認できる．

3.7 夏目漱石『こころ』の解析

　次に，長編小説にトピックモデルを当てはめるが，ここでは時系列と内容構成の二つを共変量として追加してみよう．

　なお，夏目漱石の『こころ』は全体が「上」「中」「下」の三つに分かれている．

　以下，各パートのあらすじを日本語ウィキペディアの「こゝろ」から引用する（https://ja.wikipedia.org/wiki/こゝろ，2020 年 1 月 6 日時点）．

上 先生と私
語り手は「私」。時は明治末期。夏休みに鎌倉由比ヶ浜に海水浴に来ていた「私」は、同じく来ていた「先生」と出会い、交流を始め、東京に帰ったあとも先生の家に出入りするようになる。先生は奥さんと静かに暮らしていた。先生は毎月、雑司ヶ谷にある友達の墓に墓参りする。先生は私に何度も謎めいた、そして教訓めいたことを言う。私は、父の病気の経過がよくないという手紙を受け取り、冬休み前に帰省する（第二十一章から二十三章）。正月すぎに東京に戻った私は、先生に過去を打ち明けるように迫る。先生は来るべきときに過去を話すことを約束した（第三十一章）。大学を卒業した私は先生の家でご馳走になったあと、帰省する。

中 両親と私
語り手は「私」。腎臓病が重かった父親はますます健康を損ない、私は東京へ帰る日を延ばした。実家に親類が集まり、父の容態がいよいよ危なくなってきたところへ、先生から分厚い手紙が届く。手紙が先生の遺書だと気づいた私は、東京行きの汽車に飛び乗った。

下 先生と遺書
「先生」の手紙。この手紙は、上第二十二章で言及されている。「先生」は両親を亡くし、遺産相続でもめたあと故郷と決別。東京で大学生活を送るため「奥さん」と「お嬢さん」の家に下宿する。友人の「K」が家族との不和で悩んでいるのを知った先生は、K を同じ下宿に誘うが、これが大きな悲劇を生む。手紙は先生のある決意で締めくくられる。

　上記のあらすじの変化を，トピックモデルで再現できるかを試してみたい．まずテキストをダウンロードする．

```
kokoro <- Aozora("https://www.aozora.gr.jp/cards/000148/files/773_ruby_5968.zip")
```

次にテキストを分割する．『こころ』は新聞連載後，単行本にまとめられる際に，漱石によって上中下の三つに仕切られ，それぞれの中に「一」からの連番が振られている．ここでは，「上」，「中」，「下」の三つのパートに分割し，さらに連番を節としてパート内部を分ける．これは，後で適用するトピックモデルにおいて，まず大きく「上」「中」「下」それぞれのパートでトピックが異なるかどうか，また，各パート内部におけるトピックの時間変化を確かめるためである．

節で区切る手順としては，テキスト中に漢字表記の数字だけで構成されている行があれば，そこが節の区切りであるとみなす．そして，節を構成する文章は一つの文字列にまとめてしまう．「上」に 36 節，「中」に 18 節，そして「下」に 56 節あるので，全体で 110 節あることになる．結果として 110 個の文字列が作成される．

まず，『こころ』を読み込み，データフレームに変えよう．この際，空白の行は削除する．また，冒頭の 3 行はタイトルと作家名であったので，ここでは添字を使って読み込み時にスキップする．

```
kokoro_txt <- readLines(kokoro)[-c(1:3)]
kokoro_df <- tibble(text = kokoro_txt[kokoro_txt != ""])
```

この出力は，文章を要素とする 1 列のデータフレームである．ここに，それぞれの文章が，どのパート（「上」「中」「下」）に属するかを表す列 part を追加する．そのために，まず，パートの区切りと判断される「上」「中」「下」で始まる行は TRUE を，それ以外（つまりほとんどの行）は FALSE を対応させた flag1 を作成する．次に，cumsum() で flag1 列の先頭から TRUE の数を数えることで，それぞれの文章のパート番号（上なら 1，中なら 2，そして下なら 3）が設定できる．これは mutate() と if_else()，そして str_detect() を併用すればよい．

```
pat1 <- "^[上中下]\\W*]"
kokoro_df <- kokoro_df %>% mutate(flag1 = if_else(str_detect(text, pat1),
                                                  TRUE, FALSE))
kokoro_df <- kokoro_df %>% mutate(part = cumsum(flag1))
```

次に，節の区切りを表す列を追加する．この小説では，行が漢数字 1 文字から 3 文字のみで構成されている場合（たとえば「二十六」）は節区切りと判断できる．そして漢数字だけの行があれば，これは節番号を表している．これを TRUE とみなし，さも

なければ FALSE とする列を追加する．正規表現中にある {1,3} は，直前の条件に一致する語が 1 ないし 2, 3 個ある場合にマッチする．

```
pat2 <- "^\\s*[一二三四五六七八九十]{1,3}\\s*$"
kokoro_df <- kokoro_df %>% mutate(flag2 = if_else(str_detect(text, pat2), TRUE,
                                                  FALSE))
```

節の区切りが TRUE となっているので，ここでも最初から最後の行まで TRUE の累積和を求めれば，それが対応する節番号になる．

```
kokoro_df <- kokoro_df %>% mutate(section = cumsum(flag2))
```

パートと節の対応を識別するための列を新たに作成する．文字列を結合するには paste() を使うのが簡単であるが，ここでは節番号を 001 のように 3 桁で表したいので，sprintf() を利用している．

```
kokoro_df2 <- kokoro_df %>% mutate(id = sprintf("Part%s_Section%0.3d",
                                                part, section))
```

また，パート区切り，節区切りを表す行は「文章」とみなすことはできないので削除する．flag1 と flag2 のどちらかが TRUE となっている行が，削除すべきレコードである．これは排他的論理和を求める xor() を使って判定するとよい．この演算子は排他的論理和をとる関数で，真偽が一致する場合は FALSE を返す．

```
X <- c(1, 1, 0, 0)
Y <- c(1, 0, 1, 0)
xor(X, Y)
```

```
[1] FALSE  TRUE  TRUE FALSE
```

flag1 と flag2 の排他的論理和をとって，レコードを絞りこむ．

```
kokoro_df2 <- kokoro_df2 %>% filter(!xor(flag1, flag2)) %>%
              select(-c(flag1, flag2, part, section))
```

データの前処理の最後として，id が同じレコードは一つに統合する．つまり，text レコードを一つ（1 行）にまとめる．

```
kokoro_df2 <- kokoro_df2 %>% group_by(id) %>%
              summarize(text = paste(text, collapse = ""))
```

■3.7.1 形態素解析の適用

　このデータフレームのレコード（行）ごとに形態素解析にかける．`docMatrixDF()`
で `kokoro_df2` の `text` 列を読み込むと，`text` ごとに列を分けた単語文書行列が作
成されるので，これを `t()` で転置すればよい．

```
kokoro_tdm <- docMatrixDF(kokoro_df2$text, pos = c("名詞","形容詞","動詞"))
kokoro_dtm <- t(kokoro_tdm)
kokoro_dtm %>% dim()
```

```
[1]   110 5105
```

　ただ，解析に不要な語の削除など，さらに前処理が必要な場合は，形態素解析の結
果がデータフレームとして操作できるほうが使い勝手がよい．そこで，ここでは，2.2
節で独自に定義した単語分割用の関数 `rmecabc()` を流用しよう．この関数の中では
形態素解析を実行し，その結果のうち名詞と動詞，形容詞のみを残すようにする．た
だし，『こころ』に登場する「先生」の友人は「K」とよばれている．通常 MeCab は
全角アルファベットを記号として判断してしまうが，重要なキーワードとして残した
い．「K」を残すには，あらかじめカスタム辞書を作成してから MeCab を実行しても
よいが，ここで定義する関数内で「K」を残すように処理することもできる．以下の
ような関数 `rmecabcK()` を定義する．

```
library(RMeCab)
library(purrr)
## 節ごとに形態素解析にかけて結果をデータフレームにする処理
rmecabcK <- function(id, text){
    x <- unlist(RMeCabC(text, 1))
    x  <- x[x == "K" | names(x) %in% c("名詞", "動詞", "形容詞")]
    tibble(ID = id, TERM = x)
}
```

　レコード（文章，ここでは節に相当）ごとにこの関数を適用すると，それぞれがデー
タフレームとして返ってくるので一つに結合する．関数の適用と結合は，`map2_dfr()`
で一気に行う．

```
kokoro_mecab <- map2_dfr(kokoro_df2$id, kokoro_df2$text,
                          ~ rmecabcK(..1, ..2))
kokoro_mecab
```

```
# A tibble: 44,446 x 2
   ID                TERM
   <chr>             <chr>
 1 Part1_Section001 私
 2 Part1_Section001 人
 3 Part1_Section001 先生
 4 Part1_Section001 呼ぶ
 5 Part1_Section001 いる
 6 Part1_Section001 ここ
 7 Part1_Section001 先生
 8 Part1_Section001 書く
 9 Part1_Section001 本名
10 Part1_Section001 打ち明ける
# … with 44,436 more rows
```

　次に，節番号を表す ID ごとに，出現する単語の頻度を数える．count() は引数で
指定した列の項目（水準）ごとに頻度をカウントする．ここでは，ID と TERM の組み合
わせごとに出現回数を数えている．頻度はデフォルトで n という列にまとめられる．

```
kokoro_count <- kokoro_mecab %>% count(ID, TERM)
kokoro_count %>% arrange(n) %>% tail(10)
```

```
# A tibble: 10 x 3
   ID                TERM      n
   <chr>             <chr> <int>
 1 Part3_Section100 私       35
 2 Part3_Section104 私       35
 3 Part3_Section069 私       36
 4 Part3_Section103 私       36
 5 Part3_Section109 私       36
 6 Part3_Section080 私       37
 7 Part3_Section110 私       39
 8 Part3_Section056 私       40
 9 Part3_Section063 私       40
10 Part3_Section102 私       40
```

　上の出力では各パート・節ごとに，「私」の出現回数が示されている．

■3.7.2 ストップワードの削除

ここで，ストップワードを削除する．3.3 節と同様に SlothLib (`http://www.dl.` `kuis.kyoto-u.ac.jp/slothlib/`) を利用する．また，いくつか独自に単語を追加する．

```
stop_words  <- read_tsv(
   "http://svn.sourceforge.jp/svnroot/slothlib/CSharp/Version1/SlothLib/NLP/
   Filter/StopWord/word/Japanese.txt",
                        col_names = "TERM")
ja_stop_words  <- stop_words %>%
     add_row(TERM = c("ある", "する", "てる", "いる", "の", "いう", "しまう",
                      "なる", "おる", "ん", "の", "れる"))
```

`anti_join()` を使って頻度表とストップワードリストを照合し，一致する語はデータから削除する．

```
kokoro_nostopwords <- kokoro_count %>% anti_join(ja_stop_words)
```

この頻度表を **tidytext** パッケージの `cast_dtm()` で文書単語行列に変換する．なお，頻度に重み，たとえば TF-IDF を与える場合は，引数 `weighting` に `tm::weightTf` や `tm::weightTfIdf` を追記する．これらは **tm** パッケージの関数である．TF-IDF に変換することが必要かどうかは議論があるところだが，以下では重みは指定していない．

```
library(tidytext)
kokoro_dtm <- kokoro_nostopwords %>%
              cast_dtm(document = "ID", term = "TERM", value = "n")
```

一般に，多くの単語はテキスト中に 1, 2 回程度しか出現しない．頻度に閾値を設けて，この基準以下の単語をデータから削除するには，`filter()` を使う．たとえば，頻度が 5 以上の単語を抽出したければ，以下のようにする．

```
kokoro_dtm %>% filter(n >= 5)
```

また，**tm** パッケージでは `removeSparseTerms()` で，全体での出現割合を考慮した間引きを行うことができる．たとえば `sparse=0.33` とすると，全文書（こここの例ではすべての節）のうち，少なくとも 3 分の 2 の文書に出現する単語のみが残される．

```
# kokoro_dtm <- tm::removeSparseTerms(kokoro_dtm, sparse = 0.33)
```

ここでは，頻度調整を行わずに作業を進めることにする．

3.8　topicmodels パッケージによるトピックモデル

データの準備ができたので，まずは **topicmodels** パッケージの LDA() を使って分析してみよう．トピック数はユーザーが指定する必要があるが，さしあたりここでは 9 とする．

```
library(topicmodels)
kokoro_topics <- LDA(kokoro_dtm, k = 9)
```

トピックごとに出現する確率の高い単語を調べてみよう．出力の beta がその指標となる．出力をデータフレームに変換するため，**broom** パッケージの tidy() を利用する．

```
library(broom)
topics <- kokoro_topics %>% tidy()
topics %>% head()
```

```
# A tibble: 6 x 3
  topic term                beta
  <int> <chr>              <dbl>
1     1 アイスクリーム 3.35e-293
2     2 アイスクリーム 3.72e- 44
3     3 アイスクリーム 3.72e- 44
4     4 アイスクリーム 3.72e- 44
5     5 アイスクリーム 1.06e-  3
6     6 アイスクリーム 7.08e- 35
```

トピックごとに出現確率の高い単語を可視化する．ただし，それぞれ上位 20 語に限定しよう．以下では，reorder() で，単語を beta の値を基準に並べ替えている．

```
topics20 <- topics %>% group_by(topic) %>% top_n(20,beta) %>%
                    ungroup() %>% mutate(term = reorder(term, beta)) %>%
                    arrange(topic,-beta)
```

　この結果を可視化するが，**ggplot2** では，単語と出現確率のペアの順番を明示的に設定しないと，プロット領域での表示順が乱れることがある．そこで，やや複雑だが，便宜的に以下のように調整すると，図 3.5 のようになる．

```
library(ggplot2)
topics20 %>% mutate(term = reorder(term, beta)) %>%
              group_by(topic,term) %>% arrange(desc(beta)) %>%
                ungroup() %>% mutate(term = factor(
                                       paste(term, topic, sep = "_"),
                                       levels = rev(
                                       paste(term, topic, sep = "_")))) %>%
                ggplot(aes(term, beta, fill = beta)) +
                  geom_bar(stat = "identity") +
                  facet_wrap(~topic, scales = "free") + coord_flip()
```

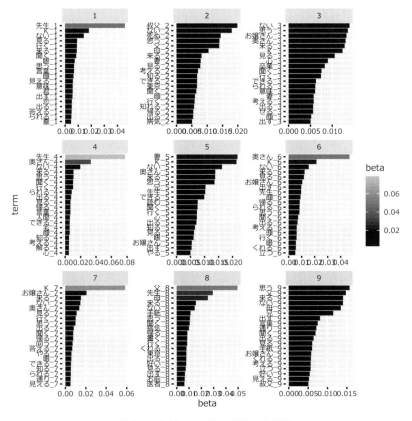

図 3.5　トピックごとに特徴的な単語

なお，並び順の調整には **drlib** パッケージを使う方法もある (https://github.com/dgrtwo/drlib)．ただし，**drlib** パッケージは CRAN に登録されていないため，まず **devtools** パッケージを利用して，以下のように GitHub から導入する必要がある．

```
install.packages("devtools")
devtools::install_github("dgrtwo/drlib")
topics20 %>% mutate(term = reorder(term, beta)) %>%
            group_by(topic,term) %>% arrange(desc(beta)) %>% ungroup() %>%
              mutate(term = drlib::reorder_within(term, beta, topic)) %>%
                ggplot(aes(term, beta, fill = beta)) +
                geom_bar(stat = "identity") +
                  drlib::scale_x_reordered() +
                  facet_wrap(~topic, scales = "free") +
                  coord_flip()
```

3.9 ldatuning パッケージによるトピック数の推定

　LDA() にはトピック数を指定する必要があるが，ドメイン知識などからあらかじめ推測できない場合は，以下のようにして，**ldatuning** パッケージを使って最適なトピック数を推定することもできる．以下では乱数を生成するギブスサンプリング（補遺 A.3 節）を利用しているので，実行にはやや時間がかかるだろう．

```
library(ldatuning)
findK <- FindTopicsNumber(
  kokoro_dtm,
  topics = seq(from = 2, to = 10, by = 1),
  metrics = c("Griffiths2004", "CaoJuan2009", "Arun2010", "Deveaud2014"),
  method = "Gibbs",
  control = list(seed = 77),
  mc.cores = 2L,
  verbose = TRUE
)
```

　この出力は，トピックの数と，その適合度を示す統計量になっている．

```
findK %>% head()
```

	topics	Griffiths2004	CaoJuan2009	Arun2010	Deveaud2014
1	10	-170465.1	0.08344514	379.3138	1.620943
2	9	-171476.2	0.09498389	390.8009	1.645278
3	8	-171941.3	0.09374885	404.5277	1.690427
4	7	-173498.2	0.10821583	418.6016	1.726212
5	6	-174716.8	0.10442259	430.8794	1.729635
6	5	-176104.7	0.11034010	451.0532	1.747087

これを図 3.6 のように可視化するのが次の命令である.

```
FindTopicsNumber_plot(findK)
```

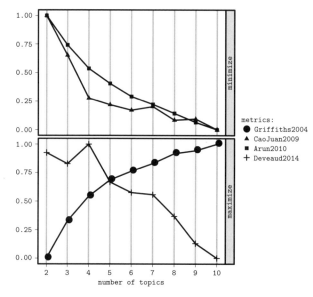

図 3.6 最適なトピック数の推定

パッケージ作者の解説によれば (https://cran.r-project.org/web/packages/ldatuning/vignettes/topics.html),この結果から Arun2010 と CaoJuan2009 が最小化されており,かつ Deveaud2014 と Griffiths2004 が最大化される数が最適とみなされる.この図からは 5 が最適なトピック数と判断されるであろうか.ただし,『こころ』が「上」「中」「下」の三つのパートに分かれていることから,トピック数を 3 に設定し,パートや節を説明変数とすることのできる **stm** パッケージで分析を続ける.

3.10 stm パッケージによるトピックモデル

　準備ができたので，『こころ』のパートごとに想定されるコンテンツの違いと，トピックの時間変化を確認したい．『こころ』本文と，これに付随するメタ情報であるパート番号と時系列を考慮したトピックモデルを検討する．

　まず，前節までで用意した文書単語行列を，stm パッケージの入力形式に変換する．kokoro_dtm は疎な（ほとんどの要素が 0 である）行列であるが，この疎行列は slam パッケージの機能を使って作成されている．そこで，引数 type には slam を指定する．

```
library(stm)
kokoro_dfm <- readCorpus(kokoro_dtm, type = "slam")
```

　この出力は，documents と vocab の二つの要素からなるリストになっている．ここに，小説のパート番号と節番号をメタ情報として追加する．kokoro_dfm では，documents 要素がパートと節の情報を表している．以下で，documents 要素の名前を確認しよう．

```
kokoro_dfm$documents %>% names() %>% head()
```

```
[1] "Part1_Section001" "Part1_Section002" "Part1_Section003" "Part1_Section004"
[5] "Part1_Section005" "Part1_Section006"
```

　ここまで作成した頻度表では，パート番号と節番号の組み合わせを項目（水準）として，パートの節ごとに単語の頻度を集計している．次に，stm パッケージを使って分析するにあたっては，パートと節それぞれが別々に単語頻度に影響を与えていると仮定する．また節については，冒頭から末尾までの連番とし，時系列とみなす．そこで，ここで新たにパートを識別する列と，節の流れ（時系列）を識別する列を追加する．これらをデータフレームとして kokoro_dfm の meta 要素に加える．kokoro_dfm リストの documents 要素の名前から，最初の 5 文字を取り出して Part 列とする．たとえば Part1_Section001 であれば，最初の 1〜5 文字である Part1 とする．そして，時系列は Part の要素番号に対応させる．

```
Part <- kokoro_dfm$documents %>% names() %>% str_sub(1,5)
Time <- seq_along(Part)
kokoro_dfm$meta <- data.frame(Part, Time)
```

さて，すでに述べたように，トピックモデルではトピック数をユーザー側で指定する必要がある．ここでは「上」「中」「下」の 3 部にあわせて，トピック数に 3 を指定する．

トピックモデルに，メタ情報として設定した Part と Time を組み込む．それぞれを引数 prevalence に指定する．

```
kokoro_cov0 <- stm(documents = kokoro_dfm$documents,
                   vocab = kokoro_dfm$vocab, K = 3, prevalence =~ Part + Time,
                   init.type = "Spectral", seed = 123,
                   data = kokoro_dfm$meta,  verbose = FALSE)
```

Part と Time について，その影響度合いを推定する．

```
topic_estimate_effect0 <- estimateEffect(formula = 1:3 ~ Part + Time,
                                         stmobj = kokoro_cov0,
                                         metadata = kokoro_dfm$meta)
```

結果を確認しよう．

```
summary(topic_estimate_effect0)
```

```
Call:
estimateEffect(formula = 1:3 ~ Part + Time, stmobj = kokoro_cov02,
    metadata = kokoro_dfm$meta)


Topic 1:

Coefficients:
            Estimate Std. Error t value Pr(>|t|)
(Intercept)  0.146407   0.089458   1.637  0.10468
PartPart2   -0.387240   0.139368  -2.779  0.00646 **
PartPart3   -0.104221   0.215294  -0.484  0.62932
Time         0.005580   0.003091   1.805  0.07393 .
---
Signif. codes:  0 '***' 0.001 '**' 0.01 '*' 0.05 '.' 0.1 ' ' 1
```

```
Topic 2:

Coefficients:
              Estimate Std. Error t value Pr(>|t|)
(Intercept)   0.719164   0.064146  11.211  < 2e-16 ***
PartPart2    -0.461983   0.099961  -4.622 1.08e-05 ***
PartPart3    -0.467157   0.143595  -3.253  0.00153 **
Time         -0.002896   0.002009  -1.441  0.15247
---
Signif. codes:  0 '***' 0.001 '**' 0.01 '*' 0.05 '.' 0.1 ' ' 1


Topic 3:

Coefficients:
              Estimate Std. Error t value Pr(>|t|)
(Intercept)   0.132687   0.079956   1.659  0.09997 .
PartPart2     0.851725   0.131810   6.462 3.23e-09 ***
PartPart3     0.572414   0.199463   2.870  0.00496 **
Time         -0.002663   0.002807  -0.949  0.34501
---
Signif. codes:  0 '***' 0.001 '**' 0.01 '*' 0.05 '.' 0.1 ' ' 1
```

Topic ごとに係数が推定されているが，いずれも Part1 が参照基準になっている．ここからトピック 1 (Topic1) に関しては，Part1 と Part3 に違いは認められない．トピック 2 と 3 では Part ごとに違いが確認できる．また，Time に関しては，トピック 1 でのみ効果があるようだ．グラフで確認してみよう（図 3.7）．

```
plot(topic_estimate_effect0, "Time", method = "continuous",
    topics = 1:3, model = kokoro_cov0)
```

Time が線形と仮定しているので，トピック 1 は単調に増加し，ほか二つのトピックについては単調に減少しているようにみえる．時間軸に s() を加えてスプラインを指定し，推定してみよう．

```
kokoro_cov1 <- stm(documents = kokoro_dfm$documents,
                   vocab = kokoro_dfm$vocab, K = 3,
                   prevalence =~ Part + s(Time, 4),
                   init.type = "Spectral", seed = 123,
                   data = kokoro_dfm$meta, verbose = FALSE)
```

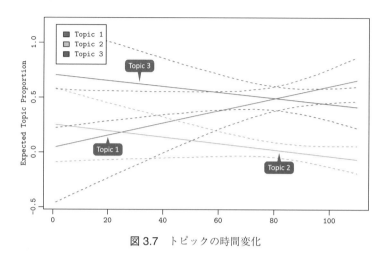

図 3.7　トピックの時間変化

　スプラインを指定した場合の解析結果をもとに，トピックごとに出現確率が上位の単語を表示してみよう．

```
summary(kokoro_cov1)
```

```
A topic model with 3 topics, 110 documents and a 4880 word dictionary.
Topic 1 Top Words:
        Highest Prob: 奥さん, K, お嬢さん, ない, 来る, 見る, 思う
        FREX: お嬢さん, 愛, 奥さん, 格子, 真中, 燈, 襖
        Lift: 幸い, 召し上がる, 過ぎ, 間柄, 呑み込む, 分つ, わるい
        Score: お嬢さん, K, 奥さん, 愛, じまう, 警戒, 静まる
Topic 2 Top Words:
        Highest Prob: 先生, ない, 来る, 行く, 思う, 聞く, 帰る
        FREX: 先生, 掛茶屋, 墓地, 君, 罪悪, 供, 財産
        Lift: 砂, 別荘, 浜, 呼び掛ける, 別れる, あすこ, 銀杏
        Score: 先生, 掛茶屋, 墓地, 砂, 若葉, きもの, 罪悪
Topic 3 Top Words:
        Highest Prob: 父, ない, 母, K, 思う, 来る, 妻
        FREX: 新聞, 従妹, 日蓮, 兄, 姉, 母, 叔父
        Lift: あか, あくび, くらい, そつ, とく, 維持, 隠居
        Score: 父, K, 手紙, 兄, 従妹, 新聞, 姉
```

　また，`findThoughts()` で，それぞれのトピックに特に強く関連づけられているテキスト（節）を表示させることもできる．ここではトピック 1 について二つ選び，それぞれの冒頭 160 文字を表示させてみよう（図 3.8）．もとのテキストは `kokoro_df2` の `text` 列を参照する．

```
topic1 <- findThoughts(kokoro_cov1, texts = str_sub(kokoro_df2$text, 1,160),
                       n = 2, topics = 1)
plot(topic1)
```

> 「十一月の寒い雨の降る日の事で
> した。私は外套を濡らして例の通
> り蒟蒻閻魔を抜けて細い坂路を上
> って宅へ帰りました。Kの室は空
> 虚でしたけれども、火鉢には継ぎ
> たての火が暖かそうに燃えていま
> した。私も冷たい手を早く赤い炭
> の上に翳そうと思って、急いで自
> 分の室の仕切りを開けました。す
> ると私の火鉢には冷たい灰が白く
> 残っているだけで、火

> 「私が家へはいると間もなく俥
> の音が聞こえました。今のように
> 護謨輪のない時分でしたから、が
> らがらいう厭な響きがかなりの距
> 離でも耳に立つのです。車はやが
> て門前で留まりました。　私が夕
> 飯に呼び出されたのは、それから
> 三十分ばかり経った後の事でした
> が、まだ奥さんとお嬢さんの晴着
> が脱ぎ棄てられたまま、次の室を
> 乱雑に彩っていました。

図 3.8　トピック 1 に強く関連づけられているテキスト例

　これらの出力から，トピック 1 は「奥さん」や「お嬢さん」，そして「K」がいる下宿の光景が中心的なトピックであることがわかる.

　それぞれのトピックに対する共変量の影響は，次のように出力する.

```
topic_estimate_effect1 <- estimateEffect(formula = 1:3 ~ Part + s(Time, 4),
                                         stmobj = kokoro_cov1,
                                         metadata = kokoro_dfm$meta)
summary(topic_estimate_effect1, topics = 1:3)
```

```
Call:
estimateEffect(formula = 1:3 ~ Part + s(Time, 4), stmobj = kokoro_cov1,
    metadata = kokoro_dfm$meta)


Topic 1:

Coefficients:
            Estimate Std. Error t value Pr(>|t|)
(Intercept) 0.008816   0.161992   0.054   0.9567
```

```
PartPart2   -0.130334   0.255969   -0.509   0.6117
PartPart3   -0.083683   0.396567   -0.211   0.8333
s(Time, 4)1  0.753691   0.404068    1.865   0.0650 .
s(Time, 4)2 -0.917431   0.621427   -1.476   0.1429
s(Time, 4)3  1.692783   0.452351    3.742   0.0003 ***
s(Time, 4)4  0.121168   0.428786    0.283   0.7781
---
Signif. codes:  0 '***' 0.001 '**' 0.01 '*' 0.05 '.' 0.1 ' ' 1


Topic 2:

Coefficients:
            Estimate Std. Error t value Pr(>|t|)
(Intercept)  0.9515    0.1224    7.770  6.1e-12 ***
PartPart2   -0.4182    0.2178   -1.920   0.0576 .
PartPart3   -0.5431    0.3398   -1.599   0.1130
s(Time, 4)1 -0.5213    0.3420   -1.524   0.1305
s(Time, 4)2 -0.2968    0.5607   -0.529   0.5977
s(Time, 4)3 -0.4303    0.3377   -1.274   0.2054
s(Time, 4)4 -0.4021    0.3567   -1.127   0.2623
---
Signif. codes:  0 '***' 0.001 '**' 0.01 '*' 0.05 '.' 0.1 ' ' 1


Topic 3:

Coefficients:
            Estimate Std. Error t value Pr(>|t|)
(Intercept)  0.04079   0.14894    0.274  0.78475
PartPart2    0.54499   0.23347    2.334  0.02152 *
PartPart3    0.62110   0.35973    1.727  0.08724 .
s(Time, 4)1 -0.23579   0.38350   -0.615  0.54002
s(Time, 4)2  1.22151   0.56532    2.161  0.03303 *
s(Time, 4)3 -1.25699   0.40696   -3.089  0.00258 **
s(Time, 4)4  0.28754   0.37044    0.776  0.43941
---
Signif. codes:  0 '***' 0.001 '**' 0.01 '*' 0.05 '.' 0.1 ' ' 1
```

「お嬢さん」を中心キーワードとするトピック1については，パート間の差異は認められない．しかし，時間軸についてはわずかに効果が認められる．トピック2については，パート1とパート2の間にやや差が確認できるが，時間軸にそった変化はないようである．トピック3は，パートと時間のそれぞれに変化があるといえるだろう．グラフで確認する（図3.9）．

```
plot(topic_estimate_effect1, "Time", method = "continuous",
    topics = 1:3, model = kokoro_cov1)
```

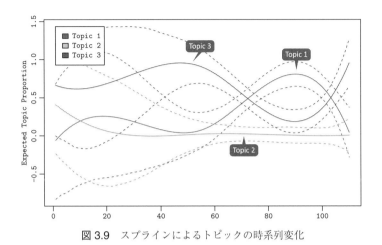

図 3.9 スプラインによるトピックの時系列変化

　横軸が時系列にあたり，曲線で各トピックの重要度の変化が表現されている．トピック 1 は「お嬢さん」のいる下宿先の環境に関わる話題と想像されるが，最初にやや小さなピークがあり，後半（「下」パート）でさらにくわしく説明されることから，結末で大きなピークになっていくのが見て取れる．一方，トピック 2 は「先生」が話題であり，冒頭でやや大きく取り上げられるものの，小説全体を通して，大きな変動もなく推移している．そしてトピック 3 は，主人公の家族に関わる話題と，先生の過去が交差しながら語られており，前半の終わりから中間あたり（父の病気の報せ）に一度ピークがある．そして，結末部に再びピークが確認できる．最後に言及されている「兄」や「父」には，「K」の家族のことも含まれるようだ．

Twitter 投稿テキストの評価

　本章では SNS からテキストを取得し，可視化と分析を行う方法を紹介する．SNS ではリアルタイムに話題が投稿され，またユーザーのメッセージにはその話題に対する好悪が端的に表れていることが多いため，全体としてユーザーが話題に対してどのように判断しているのかを明らかにしやすい．

　ここでは，最初に Twitter への投稿（ツイート）から，ある話題に関連するツイートを収集する方法を説明する．続いて，ツイートを形態素解析にかけ，頻出語を可視化してみる．さらに，日本語の極性（感情）辞書を利用して，ツイートが全体としてポジティブなのかネガティブなのかを判定する．そのうえで，ネガティブなツイートをしたユーザーと，ポジティブなメッセージを投稿したユーザーそれぞれのプロフィール（SNS における自己紹介文）を取得して，ユーザーの自己アピールの違いを可視化する．

4.1　API とは

　API(application programming interface) とは，ネットワークを通じてデータをやり取りする方法のことである．API は，たとえばスマートフォンアプリでデータをやり取りする標準的な仕組みにもなっている．API を使うことで，データをリアルタイムに取得できるのである．

　現代では，さまざまな情報を API を通して取得することができる．API の基本的な仕組みは，まずユーザー（あるいはアプリ）がデータ提供元（のサーバー）に，必要とするデータを指定したリクエストを送る．このリクエストは URL の形式で送信する．サーバー側では，リクエストに応じて該当するデータを，特定のフォーマットに整えたテキストデータとして返す．ユーザー側は，このテキストデータを分析向けのフォーマットに変換して利用する．

　送信されてくるテキストデータのフォーマットには，XML ないし JSON が使われていることがほとんどであるが，最近は後者が多い．JSON とは，以下のようなフォーマットを使ったデータの記述方法である．

```
{
        "created_at": "Wed March 03 03:33:33 +0000 2019",
        "user_id": "3333333333333333",
```

```
    "text_id": "8888888888888888",
    "text": "This is a json data sample",
}
```

　これは，Twitter の API が返すフォーマットを模した JSON の例である．この
フォーマットから必要な情報を抜き出して，分析に適した形式に変換するのは，実の
ところかなりの手間である．幸い，多くのプログラミング言語には，JSON や XML
のフォーマットを解釈 (parse) して整形する拡張機能が用意されている．

4.2　Twitter API の利用

　R では，**rtweet** パッケージを利用することで，Twitter API の技術的な仕様を意識
せずにデータを取得することができる．なお本書では **rtweet** バージョン 0.7.0 を利用
している．2022 年 8 月現在公開されているバージョン 1.0 ではツィート取得関数の返
すデータフレームの構造が，本書の記載内容と合致しない．アーカイブに保存された
バージョンをインストールするには **devtools** を利用するのが簡単である．なお 0.7.0
バージョンを使う場合，API 用のトークンを取得する必要はない．関数を実行すると
自動的にブラウザが起動し，Twitter アカウントの認証が求められるはずである．す
なわち本ページ下に記載したキーの登録と，次ページ上のトークン作成の命令は必要
ないが，詳細は本書サポートサイトのスクリプト (Chapter4.R) を参照されたい．

　GitHub 版では，個々のユーザーが Twitter の API 利用申請をする必要はなく，ブ
ラウザ上で Twitter にログインして **rtweet** を連携アプリとして承認すれば，パッケー
ジの機能をすぐに使えるようになる (https://github.com/mkearney/rtweet)．

　本書では，ユーザーそれぞれが API 利用登録をしていると想定して，CRAN 版を
使った操作を説明する．なお，Twitter デベロッパーアカウントの登録と API 申請
の方法は今後変更される可能性が高いため，本書では解説しない．そのつど Google
などの検索サイトを使って，情報を確認していただきたい．あわせて **rtweet** の仕様
も変更される可能性があるため，CRAN や GitHub で最新の情報を確認してほしい．

　最初に，Twitter API で取得したキーやトークンを指定して認証を行う．以下の *
の部分を，読者が取得したキーやトークンで置き換えてほしい．

```
myApp <- "*****"
consumerKey <- "*********************"
consumerSecret <- "******************************************"
accessToken <- "******************************************"
accessTokenSecret <- "******************************************"
```

　これらの情報を `create_token()` に指定して，Twitter API でアクセスするのに必要なトークンを取得する．

```
library(rtweet)
token <- create_token(
  app = myApp,
  consumer_key = consumerKey,
  consumer_secret = consumerSecret,
  access_token = accessToken,
  access_secret = accessTokenSecret)
```

　上記の方法とは別に，OAuth 認証を利用することもできる．その場合は，以下のように consumerKey と consumerSecret だけを指定すればよい．

```
# twitter_app <- oauth_app(app, key = consumerKey, secret = consumerSecret)
```

　実行すると，ブラウザが開いて，Twitter アカウント上で「アプリ」の認証が求められるので，了承すればよい．

4.3　ツイートの取得と前処理

　さて，あるキーワード（ここでは「大阪万博」）を含む投稿を `search_tweets()` で取得してみよう．引数 n は取得するツイートの数である．また，`include_rts` はリツイートを省く指定である．Twitter では，同一のツイートであっても，リツイートされるとそのたびに個別の `status_id` が振られるので，これに `FALSE` を指定してメッセージの重複を省く．もしも，リツイートしたアカウントを確認したい場合などには，`TRUE` を指定しておく必要がある（デフォルトでは `TRUE` が設定されている）．なお，Twitter の API で取得するデータの文字コードは UTF-8 である．macOS またLinux ではもともと日本語環境として UTF-8 がデフォルトであるが，Windows 版R でバージョン 4.1 以前を利用する場合，R のコンソール上で UTF-8 の文字列の表示はできても，複雑な処理を行おうとすると文字化けが生じる．R-4.2 にアップデートし，また 64bit，UTF-8 版 MeCab をインストールする（念のため，旧 MeCab はあらかじめアンインストールしておいたほうがよい）ことをお勧めする（まえがきを参照されたい）．あえて R-4.1 以前を使うのであれば，処理のつど文字コードを CP932 に変更する処理を加える必要があるが，詳細は本書サポートサイトのコードを参照されたい．

```
rt <- search_tweets(
  "大阪万博", n = 10000, include_rts = FALSE
)
```

```
Searching for tweets...
Finished collecting tweets!
```

なお，場合によっては以下のような警告が出ることがある．

```
Searching for tweets...
This may take a few seconds...
 Warning:  Rate limit exceeded - 88
Finished collecting tweets!
 Warning Message:
Rate limit exceeded
```

　警告されたのは，Twitter API の利用回数制限にかかったからである．Twitter API では，過去に遡って取得できるツイート数に制限がある．**rtweet** パッケージのヘルプによれば，過去 6 日ないし 9 日程度の間に投稿されたツイートが，一度に 18000 まで取得できる．`search_tweets()` で引数に `retryonratelimit=TRUE` を加えておくと，**rtweet** パッケージはツイートの取得に間隔をあけて試行してくれる．その分，データの取得に時間がかかるうえ，それでもすべてのツイートが取得できるとは限らない．なお，以下に掲載する出力やグラフは，筆者が 2019 年の始めに取得したツイートデータに基づいている．ツイートそのものを再配布することは，Twitter API の規約や著作権との関係で不可能であるため，サポートサイトにもデータは置いていない．読者それぞれが適当なキーワードに置き換え，Twitter データの取得を試みてほしい．

　取得されたデータは，ツイート本文だけでなく，投稿者や投稿日時など，多数の情報を含む比較的大きなデータフレームである．まず，データのサイズを確認してみよう．

```
rt %>% dim()
```

```
[1] 4159   88
```

　これより，88 列からなるデータフレームであることがわかる．なお，2020 年 1 月の時点では，返されるデータフレームの列数は 90 である．これは `quote_count` と `reply_count` が追加されたためであるが，この 2 列の内容はすべて NA である．詳細は

https://developer.twitter.com/en/docs/tweets/batch-historical/faq を
参照されたい. 列名を確認しよう.

```
rt %>% colnames()
```

```
 [1] "user_id"                "status_id"
 [3] "created_at"             "screen_name"
 [5] "text"                   "source"
...
[83] "profile_url"            "profile_expanded_url"
[85] "account_lang"           "profile_banner_url"
[87] "profile_background_url" "profile_image_url"
```

なお, 同じ検索キーワードを使っても, 実行する日が異なれば, 取得できるツイー
トデータも変わる. 分析の再現性を保証するには, データを取得したら, そのつど保
存するとよい. ここでは, R のバイナリ形式である Rdata フォーマットで保存する.

```
save(rt, file = "banpaku.Rdata")
```

このようにして保存したデータは, load() で読み込むことができる.

```
load("banpaku.Rdata")
```

さて, 投稿された期間を確認してみよう.

```
rt %>% select(created_at) %>% summary()
```

```
  created_at
 Min.    :2019-02-05 04:39:04
 1st Qu.:2019-02-08 13:58:10
 Median :2019-02-11 05:31:31
 Mean    :2019-02-10 17:08:42
 3rd Qu.:2019-02-12 15:27:44
 Max.    :2019-02-15 01:06:01
```

ここで, created_at 列は, 時間を表現したデータ構造と定義されているので, 日
付の前後関係を自然に判断できる. 取得されている期間を調べてみよう. これは最大
値 (直近の日時) から最小値 (もっとも古い日時) を引けば求められる.

```
rt %>% summarize({last_ = max(created_at) ;
                 first_ = min(created_at) ;
                 last_ - first_})
```

```
# A tibble: 1 x 1
  `{ ... }`
  <drtn>
1 9.852049 days
```

約 10 日分のツイートが取得されているのがわかる．次に，リツイートされた回数の多い投稿を抽出しよう．これには `retweet_count` 列に記録された整数を参照する．

```
rt %>% select(retweet_count) %>% summary()
```

```
retweet_count
Min.    :   0.000
1st Qu.:   0.000
Median :   0.000
Mean    :   3.797
3rd Qu.:   0.000
Max.    :2398.000
```

2398 回リツイートされた投稿があるのがわかる．リツイート回数の上位三つの投稿を表示してみよう（なお，ここでは一部を省略している）．

```
rt %>% arrange(retweet_count) %>% select(text) %>% tail(3) %>% pull()
```

```
[1] "間も無く大阪 IR 基本構想を発表する。これまでの…になる。民間の力でだ。力のあ
る世界の諸都市はベイエリアが発達している。…大阪万博も誘致される。大阪メトロタワー
も。6 年後「ニシ」をお楽しみに。 https://t.co/XBnyTv1Itw @YahooNewsTopics"
[2] "【大阪市長 万博跡に「F1 誘致」】\nhttps://t.co/euUYQAsPEz\n\n 吉村・大阪市
長は、 2025 年大阪万博会場の夢洲の将来に関し、…を目指すという。"
[3] "吉村大阪市長が万博誘致の時に…の大使との話を紹介\n 市長「何でそんなに日本が好
きなの？」\n 大使「…を証明したのは貴方達ですよ。戦争には負けたが、白人の国に正面か
らぶつかって行った…それが好きなんです。」 https://t.co/nOI7ozLyFr"
```

次に，同一ユーザーによる投稿数を調べてみよう．`count()` でユーザーの ID ごとに集計した結果を昇順に並べ，末尾の 10 個を表示する（ユーザー ID は一部を伏せ字にしている）．

```
rt %>% count(user_id) %>% arrange(n) %>% tail(10)
```

```
# A tibble: 10 x 2
   user_id                   n
   <chr>                   <int>
 1 4*7*904956                12
 2 8*8*81749044563968        12
 3 2*9*701722                13
 4 2*6*445730                15
 5 9*5*8358                  15
 6 1*6*474502152040448       18
 7 3*1*212481                19
 8 3*6*437594                19
 9 3*3*383194                28
10 9*6*62830634926080        29
```

「大阪万博」というキーワードを含むツイートを 29 個投稿しているユーザーがいる. ただし Twitter の投稿では, 投稿内容はまったく同一でありながら, メッセージに含まれる短縮 URL だけが異なっているケースもあるので, 実際のメッセージ内容を比較すべきである.

以下のコードでは, 投稿数のもっとも多いユーザーについて, 投稿内容から数値や記号を削除した残りのテキスト本文が同一かどうかを確認している.

```
rt %>% filter(user_id %in% c("9*6*62830634926080")) %>%
       select(text) %>% mutate(text = str_remove_all(text,
               "https?://[\\w/:%#\\$&\\?\\(\\)~\\.=\\+\\-]+")) %>%
               unique %>% NROW()
```

```
[1] 1
```

結果が 1 ということから, ユーザー ID 9*6*62830634926080 による 29 個の投稿すべてが, URL などを除いてまったく同じであることがわかる. 同様に, ほかの投稿についてもチェックし, 重複投稿は一つにまとめたデータフレームを作り直そう. この際, URL に加えて, 絵文字も削除しておく.

最初に, 投稿数が 1 を超えるユーザーについて, その固有の識別番号である `user_id` をデータから取り出す. そして, `user_id` ごとに投稿内容を調べる. URL が含まれている場合は, これを削除し, さらに絵文字にあたる記号を取り除くための正規表現を指定している. `\\p{So}|\\p{Cn}` は Unicode 文字プロパティーという記法で,

p{So} は「記号類」に該当し，p{Cn} は「未定義」に対応している．

```
userIDS <-  rt %>% count(user_id) %>% filter(n > 1) %>%
                   select(user_id) %>% pull()
library(purrr)
rt2 <-  userIDS %>% map_dfr(., {
                   ~ filter(rt, user_id == .) %>%
                       mutate(text = str_remove_all(text,
                           "https?://[\\w/:%#\\$&\\?\\(\\)~\\.=\\+\\-]+"),
                       text = str_remove_all(text, "\\p{So}|\\p{Cn}")) %>%
                       select(user_id, status_id, screen_name, text) %>%
                       distinct(user_id, screen_name, text, .keep_all =
                       TRUE)
  })
```

　最後の distinct() は，重複を省くための処理である．R の基本関数である unique() に相当する．ただし，.keep_all=TRUE を指定しなければ，照合対象の列以外は削除されてしまう．

　改めて投稿者ごとの投稿数を確認すると，以下のようになった．

```
rt2 %>% count(user_id) %>% arrange(n) %>% tail(5)
```

```
# A tibble: 5 x 2
  user_id                n
  <chr>              <int>
1 1*7*849461            10
2 1*3*61250             11
3 8*8*81749044563968    12
4 9*5*8358              15
5 1*6*474502152040448   18
```

　重複メッセージを間引くと，投稿数上位のユーザーがほぼ入れ替わっている．

4.4 　形態素解析の実行

　続いてツイートを形態素解析にかけ，出現語の頻度表を作成しよう．まず，ユーザーを区別せず，すべてのメッセージを一つのファイルにまとめる．

```
rt2 %>% select(text) %>% pull() %>% write("banpaku.txt")
```

このファイルを対象に形態素解析を実行する.

```
library(RMeCab)
txt_df <- docDF("banpaku.txt", type = 1)
```

```
file_name =  banpaku.txt opened
number of extracted terms = 6171
now making a data frame. wait a while!
```

データフレームの行数,つまり語彙数は,次のようにして確認できる.

```
txt_df %>% NROW()
```

```
[1] 6171
```

ただし,ここにはカッコや句読点などの記号のような,内容を分析するのには不適切な
形態素も多く含まれている.そこで,品詞情報を参照して,不要な単語を削除しよう.
docDF() で解析した結果には,POS1 に品詞大分類,POS2 列に品詞細分類が含まれてい
る.それぞれの種類を確認してみよう.POS1 および POS2 列の要素を,distinct()
を使って重複を省いて表示する.

```
txt_df %>% select(POS1) %>% distinct() %>% pull()
```

```
 [1] "名詞"      "記号"      "フィラー" "感動詞"    "副詞"      "動詞"
 [7] "連体詞"    "形容詞"    "助動詞"    "接続詞"    "接頭詞"    "助詞"
```

```
txt_df %>% select(POS2) %>% distinct() %>% pull()
```

```
 [1] "サ変接続"        "数"
 [3] "一般"            "固有名詞"
 [5] "アルファベット"  "括弧閉"
 [7] "括弧開"          "空白"
 [9] "読点"            "句点"
[11] "*"               "助詞類接続"
[13] "自立"            "非自立"
[15] "代名詞"          "接尾"
```

```
[17] "副詞可能"                "形容動詞語幹"
[19] "名詞接続"                "副助詞／並立助詞／終助詞"
[21] "終助詞"                  "副助詞"
[23] "接続助詞"                "格助詞"
[25] "係助詞"                  "特殊"
[27] "並立助詞"                "ナイ形容詞語幹"
[29] "副詞化"                  "連体化"
[31] "動詞接続"                "形容詞接続"
[33] "接続詞的"                "数接続"
[35] "動詞非自立的"
```

品詞大分類とその細分類を組みわせてフィルターにかけることで，データ数はかなり絞られる．

```
txt_df <- txt_df %>% filter(POS1 %in% c("名詞","形容詞","動詞"),
                            POS2 %in% c("一般","自立" ,"非自立","助詞類接続"))
```

データが何行に絞られたかを確認しよう．

```
txt_df %>% NROW()
```

```
[1] 3111
```

4.5 ggwordcloud パッケージによるワードクラウドの作図

ツイートの解析結果を可視化する．まずはワードクラウドを描いてみよう．R にはワードクラウドを描くパッケージがいくつか公開されており，第1章では **wordcloud2** を使ったが，ここでは **ggplot2** ベースの **ggwordcloud** を使おう．また，多くの単語を1枚のプロットに描き出してもわかりにくいだけなので，頻度が 10 を超える語に絞る（図 4.1）．描画のコマンドは **ggplot2** の方法を踏襲している．

```
library(ggwordcloud)
txt_df %>% filter(banpaku.txt > 10) %>% ggplot() +
                                  aes(label = TERM, size = banpaku.txt) +
                                  geom_text_wordcloud(size = 6) +
                                  scale_size_area(max_size = 20) +
                                  theme_minimal()
```

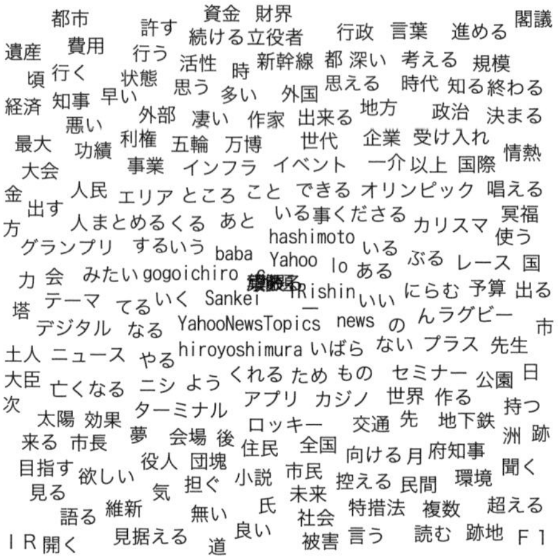

都市 許す 資金 財ability 行政 言葉 進める 閣議
遺産 費用 行う 活性 続ける立役者 新幹線 都 深い 考える 規模
頃 行く 状態 時 思える 時代 知る 終わる
経済 知事 早い 思う 多い 外国
悪い 外部 凄い 作家 出来る 地方 政治 決まる
最大 功績 利権 五輪 万博 世代 企業 受け入れ 情熱
大会 事業 インフラ イベント 一介以上 国際 唱える
金 人民 エリア ところ こと できる オリンピック 冥福
方 出す 人 まとめる くる あと いる事 くださる カリスマ 使う
グランプリ するいう baba Yahoo lo いる ぶる レース 国
力 会 みたい gogoichiro ある 予算 出る
塔 テーマ てるいく Sankei Rishin いい にらむ 市
デジタル なる YahooNewsTopics news の んラグビー 先生
土人 ニュース やる hiroyoshimura いばら ない プラス
大臣 亡くなる ニシ よう くれる ため もの セミナー 公園 日
次 太陽 効果 夢 ターミナル アプリ カジノ 世界 作る 持つ
来る 市長 会場 後 ロッキー 交通 先 地下鉄 洲 跡
目指す 欲しい 役人 団塊 住民 全国 向ける月 府知事 聞く
見る 気 担ぐ 小説 市民 控える 民間 環境 超える
語る 維新 無い 氏 未来 特措法 複数
IR開く 見据える 道 良い 社会 言う 読む 跡地 F1
被害

図 4.1 大阪万博に関するツイート

　ただし，グラフを見ると，「ある」「いる」「こと」など，テキストの内容を問わず頻出する単語類が多く存在していることがわかる．また，万博に関するツイートなのだから，「万博」をプロットに含める必要はないだろう．こうした語はストップワードとして削除してしまおう．

　3.3 節と同じく SlothLib (http://www.dl.kuis.kyoto-u.ac.jp/slothlib/) から，ストップワードのリストを取り込んで利用する．これに，「ある」，「する」などを追加したうえで，ツイートデータと照合して削除を行う．

```
stop_words <- read_tsv(
   "http://svn.sourceforge.jp/svnroot/slothlib/CSharp/Version1/SlothLib/NLP/
   Filter/StopWord/word/Japanese.txt",
                        col_names = "TERM")
ja_stop_words <- stop_words %>%
                 add_row(TERM = c("ある", "する", "てる",
                                  "いる", "の", "いう",
                                  "しまう", "なる", "万博"))
```

　`ja_stop_words` データフレームに含まれている単語を `txt_df` から削除し，データフレームを作成し直す．こうして得られた図 4.2 のワードクラウドからは，政治や政党と絡めた投稿があるのがうかがえる．

```
txt2_df <- txt_df %>% select(TERM, FREQ = banpaku.txt) %>%
           arrange(FREQ) %>% tail(100) %>%
```

```
                    anti_join(ja_stop_words, by = "TERM")
txt2_df %>% filter(FREQ > 10) %>% ggplot() +
                        aes(label = TERM, color = FREQ, size = FREQ) +
                        geom_text_wordcloud() +
                        scale_size_area(max_size = 20) +
                        theme_minimal()
```

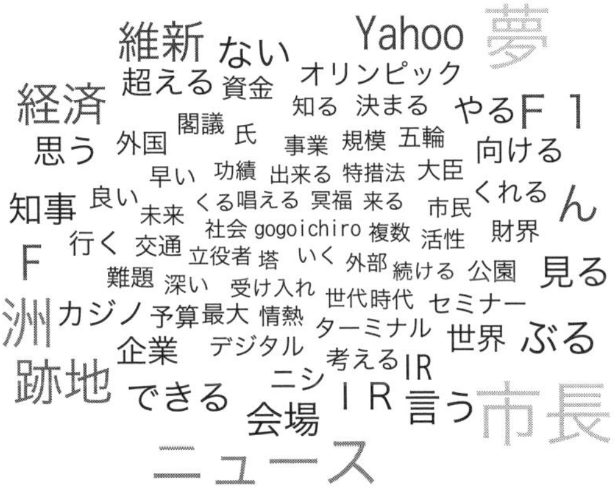

図 4.2　ストップワードを削除したワードクラウド

4.6　ネットワークグラフ

　次に，個々の単語ではなく，そのつながりを確認してみよう．まずはツイートから
単語のバイグラムを抽出する．

```
txt3_df <- docDF("banpaku.txt", type = 1,
            pos = c("名詞", "形容詞", "動詞"), N = 2, nDF = TRUE)
txt3_df %>% head(5)
```

	N1	N2	POS1	POS2	banpaku.txt
1	！	の	名詞-名詞	サ変接続-非自立	1
2	！	イラク	名詞-名詞	サ変接続-固有名詞	1
3	！	ニュース	名詞-名詞	サ変接続-一般	99
4	！	勝つ	名詞-動詞	サ変接続-自立	1
5	！	北海道	名詞-名詞	サ変接続-固有名詞	1

　ここでは上位 100 ペアに絞って，ネットワークグラフを描いてみよう．バイグラム
を保存したデータフレームを，`graph_from_data_frame()` でネットワークオブジェ

クトに変更し，これを `ggraph()` に渡す．結果は図 4.3 のようになる．

```
library(igraph)
library(ggraph)
txt3_df %>% arrange(banpaku.txt) %>% tail(100) %>%
            select(N1, N2, banpaku.txt) %>% graph_from_data_frame() %>%
                ggraph(layout = 'graphopt') +
                    geom_edge_diagonal(alpha = 1, label_colour =
                    "blue") +
                    geom_node_label(aes(label = name), size = 5,
                    repel = TRUE)
```

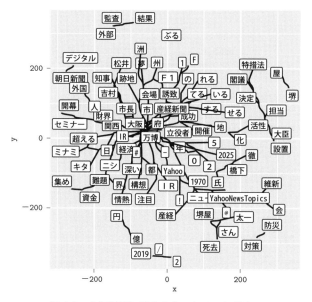

図 4.3　大阪万博に関するネットワークグラフ

4.7　ツイートの内容判定

次に，各ツイートの内容が全体としてポジティブかネガティブかを判定しよう．

■4.7.1　極性辞書とツイートの用意

ここでは，東北大学乾・鈴木研究室で公開されている日本語極性辞書（名詞編）を利用させてもらう．まず辞書を入手する（最新の情報は `https://www.nlp.ecei.tohoku.ac.jp/research/open-resources/` を参照されたい）．

このデータは，表 4.1 のようなフォーマットになっている．データはタブ区切りで，1

表 4.1　日本語極性辞書

単語	評価（極性値）	評価基準
頽廃	n	〜する（出来事）
顰蹙	n	〜する（行為）
騙り	n	〜がある・高まる（存在・性質）
驍名	p	〜がある・高まる（存在・性質）
髀肉の嘆	n	〜である・になる（評価・感情）主観
魏	e	〜に行く（場所）
魑魅魍魎	n	〜である・になる（状態）客観
鮑	e	〜である・になる（状態）客観
鹹味	e	〜である・になる（評価・感情）主観
麒麟	e	〜である・になる（状態）客観

列目が単語，2 列目が評価（極性値），3 列目が評価基準である．ここでは，それぞれ列名を TERM, VALUE, CRITERIA として保存した．本節で利用するのは 1 列目と 2 列目である．読み込みと同時に，2 列目が n(negative) であれば −1，p(positive) であれば 1，そのどちらでもなければ 0 としよう．tidyverse では，この処理が case_when() を使うことで簡単に行える．

```
negaposi <- read_tsv(
            "http://www.cl.ecei.tohoku.ac.jp/resources/sent_lex/pn.csv.m3.
            120408.trim",
                col_names = c("TERM","VALUE","CRITERIA"))
negaposi  <- negaposi %>%  mutate(VALUE  = case_when(
                                      VALUE == "n" ~ -1,
                                      VALUE == "p" ~ 1,
                                      TRUE ~ 0) )
negaposi %>% select(VALUE) %>% summary()
```

■**4.7.2　ツイートの形態素解析**

　ここでツイートごとに形態素解析をかけ，ツイートの ID (status_id) と関連付けて保存する関数 rmecabc_() を定義する．

```
rmecabc_ <- function(si, txt){
    txt <- unlist(RMeCabC(txt, 1))
    tibble(status_id  = si, TERM = txt)
}
```

この関数は，ツイートごとにデータフレーム (tibble) を返す．それに **purrr** パッケージの `map2_dfr()` を適用することで，結果を一つのデータフレームに結合できる．

```
library(purrr)
tweets <- map2_dfr(rt2$status_id, rt2$text,
                   ~ rmecabc_(..1, ..2)
)
tweets %>% NROW()
tweets %>% head()
```

```
[1] 52220
# A tibble: 6 x 2
  status_id           TERM
  <chr>               <chr>
1 1095362494955085824 また
2 1095362494955085824 、
3 1095362494955085824 思い付き
4 1095362494955085824 で
5 1095362494955085824 発言
6 1095362494955085824 する
```

■4.7.3　極性辞書との結合

前項で作ったデータフレームを極性辞書と統合する．

```
negaposi <- negaposi %>% select(TERM, VALUE)
dat2 <- tweets %>% left_join(negaposi)
```

さっそく，ツイートごとに極性値の合計を求めてみよう．

```
dat2 <- dat2 %>% group_by(status_id) %>%
                 summarise(VALUE = sum(VALUE, na.rm = TRUE))
dat2 %>% select(VALUE) %>% summary()
```

```
    VALUE
Min.    :-12.0000
1st Qu.:  0.0000
Median :  0.0000
Mean   :  0.3653
3rd Qu.:  1.0000
Max.   :  7.0000
```

　もっともポジティブな投稿の極性値が 7 で，もっともネガティブな投稿の値が −12 である．それぞれの投稿を，rt2 データと照合することで確認してみよう．まず，ポジティブな投稿である．極性値が同じ投稿が複数あるので，最初に該当データの status_id を取り出し，rt2 データの ID(status_id) と照合する．以下で map_df() 内部に指定している .x には，most の 1 列目 (status_id) が要素ごとに代入される．なお，以下のコードを実行しても，各ツイートは全文が表示されない（また，以下では筆者の判断で一部を削除している）．全文を確認したい場合は，コードの最後にあるコメント記号を削除して実行されたい．

```
most <- dat2 %>% filter(VALUE == max(VALUE))
most %>% map_df(~ filter(rt2, status_id %in% .x)) %>% select(text)# %>% pull()
```

```
# A tibble: 4 x 1
  text
  <chr>
1 「僕は若い頃に世界を走り回って万博を成功させた．…若いんだから世界を走り回って万
博を成功させないといけない．万博は新たな時空間の提供…
2 "子育て環境充実に力…市長にとって任期最後の集大成となる予算編成となり，「市民サー
ビスの拡充」を掲げ，幼児教育や子育て環境の充実施…
3 2.数字に統計に明るかった．日本史にも世界史にも精通していた． 1970 年の大阪での日
本博覧会は「堺屋万博」であった．八面六臂の大活躍で…
4 "早速届いて，楽しく読んでる　ほんとに心温まる昭和 1970 年の万博が大阪日本で目出度
く開催された夢と希望と素朴な人達の想い詰った内容で…
```

　次に，もっともネガティブな投稿である（なお，不適切と感じられた言葉遣いを削除している）．

```
min <- dat2 %>% filter(VALUE == min(VALUE))
min %>% map_df(~ filter(rt, status_id %in% .x)) %>% select(text)# %>% pull()
```

```
# A tibble: 2 x 1
  text
  <chr>
1 @nhk_news 安倍自公政権は，…差別暴言を謝罪・撤回せよ．軍事基地反対の沖縄県民に…
2 @Ho**guchiT****o イラク侵略…戦争を一切反省しない…犯罪者を絶対許さない！…
```

4.8　ユーザーのグループ化

　ここで，ユーザーをツイートの極性値にもとづいてグループ化してみよう．ただし，同一のアカウントからの複数の異なる投稿もあるので，その場合は極性値の平均値にまとめる．なお，ここではユーザー名を加工し，ポジティブな投稿ユーザーは "PS"を最初に付けた連番で，またネガティブな投稿をしているユーザーについては "NE"を付けた連番で表現している（図 4.4）．

```
rt2 <- rt %>% select(user_id, status_id, screen_name, text) %>% left_join(dat2)
rt3 <- rt2 %>% group_by(user_id, screen_name) %>%
                summarize(VALUE = mean(VALUE, na.rm = TRUE)) %>% ungroup()
rt3 %>% group_by(VALUE > 0) %>% top_n(20, abs(VALUE)) %>%  arrange(VALUE) %>%
         mutate(user = if_else(VALUE > 0, "PS", "NE"),
                user = paste0(user, row_number())) %>%
         ggplot(aes(fct_reorder(user, VALUE), VALUE, fill = VALUE > 0)) +
```

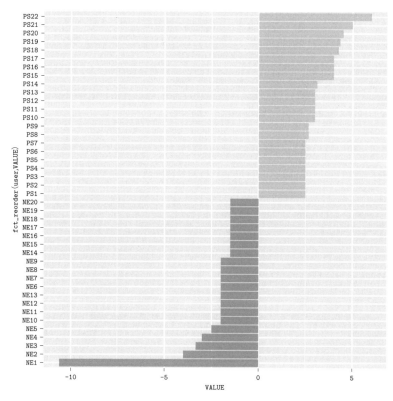

図 4.4　ユーザーごとのツイートの極性値

```
                geom_col(alpha = 0.8, show.legend = FALSE) + coord_flip()
```

4.9 投稿者のプロフィールの極性比較

さて，ここでポジティブな投稿をしているユーザーとネガティブな投稿をしている
ユーザーの比較をしてみよう．比較するのは，各ユーザーがプロフィールに記してい
る説明文である．たとえば首相官邸のアカウントであれば，図 4.5 のようなプロフィー
ルが記載されている．

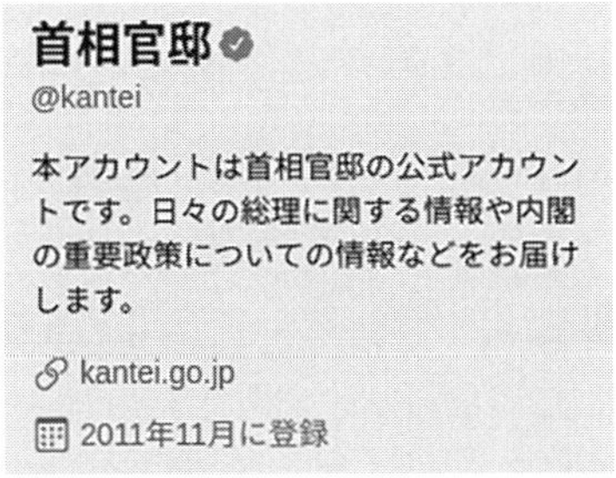

首相官邸 ✅
@kantei

本アカウントは首相官邸の公式アカウン
トです。日々の総理に関する情報や内閣
の重要政策についての情報などをお届け
します。

🔗 kantei.go.jp
🗓 2011年11月に登録

図 4.5　首相官邸ツイッターアカウントのプロフィール表示

まず，極性値の絶対値が大きなユーザーをそれぞれ 20 人，合計 40 人抽出す
る．このユーザーの ID (user_id) を元データである rt と照合し，プロフィール
(description) を取り出す．

```
rt3_desc <- rt3 %>% group_by(VALUE > 0) %>% top_n(20, abs(VALUE)) %>%
                    left_join(rt %>% distinct(user_id, description))
rt3_desc %>% head(4)
```

```
Joining, by = "user_id"
# A tibble: 6 x 5
# Groups:   VALUE > 0 [2]
  user_id       screen_name   VALUE 'VALUE > 0' description
  <chr>         <chr>         <dbl> <lgl>       <chr>
1 10148930642… OOrglAL37fW…    4    TRUE        89 歳要介護 ②の義母は股関節と
膝を 4 度手術、再び脱臼して入院→認…
2 10374478188… osakadaisuk…  -1.5  FALSE       不正なアクティビティとかあった
らしいわ 前のアカウントが凍結され…
3 1043549725   ken_ta_rou     3    TRUE        まちあるき、都市開発、鉄道、おい
しいもの、屁理屈が大好きです。ち…
```

```
4 10539037245… biwako10miz… -10.6  FALSE        生協有志の会です。
```

これらのユーザーを，ツイートの VALUE がプラスのグループとマイナスのグループ
に分け，プロフィールの内容をそれぞれ別ファイルに保存しよう．この際，英数字や
絵文字は削除してしまう．

```
## 最初にテキストを保存するフォルダを用意
dir.create("negpos")
rt3_desc %>% filter(VALUE > 0) %>% select(description) %>% pull() %>%
            str_remove_all("\\p{ASCII}|\\p{So}|\\p{Cn}") %>%
            write("negpos/plus.txt")
rt3_desc %>% filter(VALUE < 0) %>% select(description) %>% pull() %>%
            str_remove_all("\\p{ASCII}|\\p{So}|\\p{Cn}") %>%
            write("negpos/minus.txt")
```

このフォルダ（ディレクトリ）へのパスを引数にして，ファイルごとに形態素解析
を行う．また，4.5 節で利用したストップワードをここでも適用しよう．

```
negpos <- docDF("negpos", type = 1, pos = c("名詞", "動詞", "形容詞"))
negpos <- negpos %>% anti_join(ja_stop_words, by = "TERM")
negpos %>% head()
```

```
    TERM POS1     POS2 minus.txt plus.txt
1     Д 名詞 固有名詞      1        0
2   ①，  名詞 サ変接続      0        1
3     ② 名詞 サ変接続      0        1
4   あき 名詞 固有名詞      0        1
5 あきる 動詞     自立      0        1
6 あるく 動詞     自立      0        1
```

ちなみに，上の出力では，丸囲み文字「①」も単語として登録されている．本節では
こうした特殊な文字も単語データとしてそのまま残したが，削除したい場合は正規表
現を Unicode カテゴリと組み合わせる．たとえば，①は，Unicode では CIRCLED
DIGIT ONE (U+2460) という Character で，Enclosed Alphanumerics というブ
ロックに属し，Other Number という「一般カテゴリ」に分類されている．これは正
規表現では，Unicode プロパティー \\p{} に Other Number を表す No を指定する．
R で Unicode プロパティーを指定する方法については，たとえば **stringi** パッケージ
のマニュアルを参照されたい．

ネガティブなツイートを投稿しているユーザーと，ポジティブな投稿のユーザーそれ

ぞれのプロフィールに出現する単語の比較を，ワードクラウドで行ってみる．`negpos` オブジェクトは単語とその品詞情報，さらにテキスト種を表す列の 5 列からなっている．しかし，ここから単語列とテキスト種列の三つを取り出し，さらに **ggplot2** ベースである **ggwordcloud** パッケージを使って作画するため，テキスト種別（ポジティブかネガティブか）を識別する 2 列を，`gather()` を使って 1 列で表現する．

```
library(ggwordcloud)
negpos %>% select(TERM, minus.txt, plus.txt) %>%
gather(key = txt, value = freq, -TERM) %>% filter(freq > 1) %>%
                ggplot(aes(label = TERM, size = freq, col = txt, x = txt)) +
                   geom_text_wordcloud() + scale_size_area(max_size = 20) +
                   theme_minimal()
```

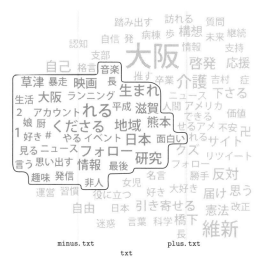

図 4.6 極性値で分類したユーザーグループのプロフィール

図 4.6 で左側（囲まれているもの）がネガティブ，右側がポジティブなツイートである．ポジティブな投稿をしているユーザーグループ（図の右側）のプロフィールには，「維新（の会）」や「大阪」，「憲法」，「橋下」などがよく使われていることがわかる．

5 機械学習による予測

インターネット上には，書籍や映画，料理などについての評価レビューのサイトが多数存在する．こうしたサイトでは，レビューの文章とともに点数などによる評価が公開されていることが多い．この評価と，レビューの文章（の内容）は密接に関連しているはずである．また，ポジティブあるいはネガティブな評価それぞれに頻出する単語は，ある程度分かれていると予想される．

本章では，テキストに出現する単語から，その内容がポジティブかネガティブかを統計的に判断する方法を紹介する．ここで統計的という意味は，機械学習の教師あり学習モデルを指している．すなわち，すでに投稿されている投稿テキストと評価を機械的に学習し，新しくレビューが投稿された場合，そこに使われている語彙と頻度から，その評価を予測するシステムを作成することである．

レビューの評価であれば，出現する単語の種類と頻度によって，評価は（ほぼ）決定されうると考える．この場合，評価を「応答変数」や「従属変数」とよび，単語を「説明変数」あるいは「独立変数」という．本章では，テキストに出現する単語とその頻度を説明変数として，評価がポジティブかネガティブかどうかを予測する機械学習モデルを取り上げる．

ここでは機械学習の手法として，比較的簡単な方法である罰則項付きロジスティック回帰を利用する．機械学習のモデルでは，既存のデータに適合させるよりも，これから得られる未知のデータに対する予測精度を向上させることが重要になる．本章でも，モデルの予測精度を向上させるための手順を解説する．第 4 章に引き続き，Twitter のツイートをデータとして取り上げる．

5.1　Twitter 日本語評判分析データセット

テキストの内容を学習するには，相応の文章量があることが望ましいが，日本語についてはそのようなデータがあまり公開されていない．ここでは，鈴木優氏が公開されている Twitter 日本語評判分析データを利用させてもらおう（表 5.1．http://www.db.info.gifu-u.ac.jp/data/Data_5d832973308d57446583ed9f）．

このデータは，2015 年から 2016 年ごろにかけて，スマートフォンなどについてのツイートを集め，これをクラウドソーシングを通じて人手で評価した結果である．

表 5.1　Twitter 日本語評判分析データセットの内容

列の内容	例	変数名（列名）
ツイート ID	10000 から始まる番号	id
ジャンル ID	たとえば 10021 であれば iPhone というジャンル	genre
Twitter データの status_id	18 桁の数字　（例：702448000690319360）	status_id
ポジティブかつネガティブな内容か	1 なら「はい」，0 なら「いいえ」	PN
ポジティブな内容か	1 なら「はい」，0 なら「いいえ」	Po
ネガティブな内容か	1 なら「はい」，0 なら「いいえ」	Ne
ニュートラルな内容か	1 なら「はい」，0 なら「いいえ」	Neu
無関係か	1 なら「はい」，0 なら「いいえ」	Non

データは csv 形式で八つの列がある．なお，データそのものには列名が設定されてないので，適宜追加しておく．

また，このデータ本体にはツイートそのものは含まれていないので，分析の前にツイートを取得する必要がある．ツイートの取得には，第 4 章で説明した Twitter API を利用する．

5.2　ツイートの収集

Twitter 日本語評判分析データセットには，ツイートそのものは含まれていないが，個々のツイートごとに振られる `status_id` を参照することで，ツイート本文を取得することができる（ただし，取得しようとするツイートが投稿ユーザーによってすでに削除されている場合もある）．そこで，まずツイートの取得を試みよう．

はじめに，Twitter 日本語評判分析データセット tweets_open.csv を取り込もう．データには列名が加えられていないので，引数 `col_names` で表 5.1 のとおりに設定する．また，それぞれの列のデータ型については，最初の 3 列は文字型，ほかの 5 列については整数値と指定する．これは引数 `col_types` に c (character) や i (integer)，l (logical) として指定できる．

```
library(tidyverse)
tweets <- read_csv("tweets_open.csv",
                   col_names = c("id", "genre", "status_id",
                                 "PN", "Po", "Ne", "Neu", "Non"),
```

```
                        col_types = "ccciiiii")
```

　ここで，`status_id` を指定してツイートを取得する．たとえば iPhone についての
ツイートであれば，ジャンルのコードが 10021 であるレコード（行）を抽出し，その
`status_id` を **rtweet** パッケージの `lookup_tweets()` に渡せばよい．すべてを取得
するには数分かかるだろう．

```
library(rtweet)
iPhone <- tweets %>% filter(genre == "10021") %>%
                    select(status_id) %>% pull() %>% lookup_tweets()
```

　取得したらただちに保存しておこう．以下では Rdata 形式を指定しているが，csv
ファイルとして保存するには，**rtweet** パッケージの `write_as_csv()` を使うとよい
だろう．ただし，csv 形式では，デフォルトで文字コードは UTF-8 と設定されている
ので，Windows での利用を想定しているのであれば CP932 に変更する必要がある．

```
save(iPhone, file = "iPhone.Rdata")
# write_as_csv(iPhone, file = "iPhone.Rdata", fileEncoding = "CP932")
```

　筆者が作業した 2019 年 4 月の時点では，40028 行 88 列のツイートデータが取得
できた．
　データにはツイート本文だけではなく，投稿者の ID や投稿日時，「いいね」やリツ
イートの回数なども含まれている．本章で必要なのはツイートの ID とツイート本文
だけである．そこで，この 2 列のみを取り出し，これを評判分析の評価を含む tweets
データフレームと `left_join()` を使って結合しよう．

```
iPhone_data <- iPhone %>% select(status_id,text) %>% left_join(tweets)
```

　上の操作で取り込んだ tweets データフレームには，評価に関わる列が PN, Po, Ne,
Neu, Non の五つある．データを確認すると，ポジティブかどうかを表す Po 列が 1 で
あると同時に，ネガティブかどうかを表す Ne 列も 1 と評価されているツイートが散
見される．ここでは簡単のため，Po 列と Ne 列が同時に 1 ないし 0 であるようなレ
コードは，分析対象から外すことにする．二つの列の値が同時に 1 ないし 0 であるよ
うなレコードを削除するには，論理演算関数の `xor()` を使うのが簡単である．
　これにより，Po 列が 1 であれば，そのツイートはポジティブであり，0 であればネ

ガティブだと判断できるので，Ne 列もデータには不要である．そこで，`status_id`
と `text`，そして `Po` の 3 列に限定したデータフレームを作成する．最終的に 5344 レ
コードが残った．

```
iPhone_data <- iPhone_data %>% filter(xor(Po, Ne))  %>%
                              select(status_id, text, Po)
dim(iPhone_data)
```

```
[1] 5344    3
```

このデータの `text` 列を形態素解析にかける．ここでは名詞だけを取り出すが，出
力はいわゆる tidy データとする．一般に，テキストマイニングではデータを行列形式
にまとめるが，プログラミングでの効率性を考えると，単語ごとに列を分けず 1 列に
まとめた縦長形式のデータのほうが便利である．これを tidy なデータ形式であるとい
う．たとえば，`status_id` が 1234567890 番のツイートのメッセージが「すももも
ももももものうち」であり，この評価はポジティブである（つまり Po=1）とする．こ
の文章を形態素解析にかけると，3 種類の名詞が計 4 個抽出される．この結果から，
1234567890 番のツイートは，以下のような 4 行のデータフレームにまとめられる．

```
status_id   Po  TERM
1234567890  1   すもも
1234567890  1   もも
1234567890  1   もも
1234567890  1   うち
```

名詞の出現数だけ，`status_id` と `Po` 列は繰り返されることになる．ただし，この
データフレームは，後ほど機械学習の手法を適用する際には次のような行列に変更す
ることになる（2 行目が出現数）．また，Po が応答（従属）変数，名詞の頻度が説明
（独立）変数となる．

$$\begin{bmatrix} \text{Po} & \text{すもも} & \text{もも} & \text{うち} \\ 1 & 1 & 2 & 1 \end{bmatrix}$$

ツイートを形態素解析にかけて名詞だけを取り出し，`status_id` と Po，そして
単語の 3 列からなるデータフレームを作成するため，まず，三つの引数をとる関数
`rmecabc_po()` を定義する．この関数は，個々のツイートごとにデータフレーム (tib-
ble) を返す．

```
library(RMeCab)
rmecabc_po <- function(id, po, txt){
    txt <- unlist(RMeCabC(txt, 1))
    txt <- txt[names(txt) %in% c("名詞")]
    tibble(status_id = id, Po = po, TERM = txt)
}
```

　これを，データの各行に適用して，それぞれの結果（それぞれがデータフレームである）を，最終的には一つのデータフレームにまとめる．この処理には `pmap_dfr()` を利用し，第 1 引数にはツイートデータの三つの変数を要素とするリストを渡す．なお，以下の `rmecabc_po()` 内部で指定している `..1,..2,..3` は，`pmap_dfr()` の第 1 引数として渡されたリスト内の，それぞれ 1 番目，2 番目，3 番目の要素に対応する．

```
iPhone_tokens <- pmap_dfr(list(iPhone_data$status_id,
                               iPhone_data$Po,
                               iPhone_data$text),
                          ~ rmecabc_po(..1, ..2, ..3)
)
```

　結果を確認してみよう．

```
iPhone_tokens
```

```
# A tibble: 55,612 x 3
  status_id          Po    TERM
  <chr>              <int> <chr>
1 702448000690319360 1     iPhone
2 702448000690319360 1     6
3 702448000690319360 1     Plus
4 702448000690319360 1     標準
5 702448000690319360 1     電卓
```

　さらに，`status_id` ごとに単語をまとめた頻度表を作成する．以下では `count()` で `statsu_id` ごとに TERM 列の要素（つまり単語）を集計し，その結果が降順になるように指定している．

```
iPhone_counts <- iPhone_tokens %>% count(status_id, TERM, sort = TRUE)
```

この頻度表から，メッセージ内容の評価には無関係と思われる記号の類や半角数字は省いてしまう．すなわち，TERM 列から記号や数字を含むレコードを削除する．まず，str_detect() に文字クラスの [:punct:] と [:digit:] を指定する（ただし，R の関数内で指定するには，さらに角括弧で囲む必要がある）．ここでは記号や数字「以外」を抽出するため，str_detect() の前に，否定を表す ! を加えている．

```
iPhone_counts  <- iPhone_counts %>%
                  filter(!str_detect(TERM, "[[:punct:]]|[[:digit:]]"))
```

確認してみよう．

```
iPhone_counts
```

```
# A tibble: 41,453 x 3
  status_id          TERM            n
  <chr>              <chr>       <int>
1 699870636890402816 卍             12
2 552035413951381504 ばば            7
3 650794129010487296 °              6
4 691118807138435073 アア            6
```

たとえば，冒頭の status_id が 699870636890402816 のツイートには，「卍」が 12 回出現している（「卍」が 12 個連続した文字列がある）．

なお一部，特殊な文字が残ってしまっているが，解析には影響しないので，このままデータとして利用する．また，この段階で Po 列が消えていることに注意してほしい．Po 列は後で改めて追加する．

5.3　ツイートの内容を予測するモデル

さて，本章では各ツイートに出現する単語をもとに，そのツイートの内容がポジティブかネガティブかを判定するモデルを作成する．

ここでは，ポジティブ (1) かネガティブ (0) かの 2 値を応答変数とする回帰モデルを設定し，これにもとづいて予測を行う．回帰モデルとは，ある応答変数の値（数値や真偽）を説明変数で予測する手法のことだが，ここでは説明変数（機械学習の文脈では特徴量ともいう）として単語の頻度を利用する．このような 2 値の判別では，ロジスティック回帰分析がよく使われる．

　機械学習において予測を目的とする場合，得られたデータを訓練用とテスト用の二つに分けるのが一般的である（十分にデータがある場合は，訓練データをさらに訓練用と検証用の二つに分けることもある）．これは，「過学習」を避けるためである．過学習とは，モデルが分析に利用したデータでは精度の高い予測ができるものの，別のデータに適用してみると十分な予測結果を出せないことをいう．特定のデータに特化してしまったため，予測に汎用性がなくなってしまうのである．そこで，データを分割し，訓練用データでモデルの当てはめを行い，テスト用データを使ってモデルの精度の確認を行うのである．

5.4　正則化

　回帰分析では，個々の説明変数の重要度（係数，すなわちパラメータの大きさ）が過大に評価され，その結果として過学習が生じるのを防ぐ方法が提案されている．これらの手法では，係数の重要度に一種のペナルティ（罰則項）を課す「正則化」という方法で，従来の回帰分析の推定結果を補正している．

　通常の回帰分析では応答変数 y を，たとえば説明変数 x_1, x_2, x_3 の線形結合で説明しようとする（ただし，実際にはこれに切片と誤差が加わる）．この際，y と $\beta_1 x_1 + \beta_2 x_2 + \beta_3 x_3$ の誤差が最小になるように係数 (coefficients) $\beta_1, \beta_2, \beta_3$ が推定される．これらの係数に制約を与えるのが Lasso, Ridge, Elastic Net として知られる手法である．式 (5.1) で，最初の項は，説明変数とその係数で求めた予測値と，実際の応答変数の差を表している．正則化では，これにさらに罰則項が加わっている．罰則項は，チューニングパラメータといわれる λ と，式 (5.2) で表される係数の総和の積である（掲載の式は文献 [9] による）．

$$min \left[\frac{1}{2N} \sum_{i=1}^{N} (y_i - \beta_0 - x_i^T \beta) + \lambda P_\alpha(\beta) \right] \tag{5.1}$$

$$P_\alpha(\beta) = \sum_{j=1}^{p} \left[\frac{1}{2}(1-\alpha)\beta_j^2 + \alpha|\beta_j| \right] \tag{5.2}$$

■5.4.1　Lasso 回帰

　Lasso 回帰は式 (5.2) で α を 1 とした場合にあたり，係数の絶対値の和をペナルティとした推定方法である．これを L1 ノルム（正則化）とよぶ．また，式 (5.1) の λ は正則化パラメータとよばれ，大きいほどペナルティの影響が強くなり，この結果，変数のうちいくつかのパラメータは 0 になる．すなわち，有効な説明変数の数が少な

くなる.

■5.4.2 Ridge 回帰

一方，Ridge 回帰は式 (5.2) で α を 0 とした場合で，係数の 2 乗和をペナルティ
とした推定方法である．これを L2 ノルムとよぶ．Ridge 回帰では説明変数の回帰係
数を 0 の方向に縮小するが，完全に 0 にはならない．

■5.4.3 Elastic Net 回帰

Elastic Net 回帰では，回帰係数の 2 乗和と絶対値の和を両方取り込み，パラメー
タ α によってその割合を調整する．

5.5   glmnet パッケージによる回帰分析

正則化を取り込んだ回帰分析を実行できるパッケージに **glmnet** がある．**glmnet**
パッケージで Lasso 回帰を行う場合は，関数の引数 `alpha` (α) に 1 を指定する．ま
た，パラメータ `lambda` (λ) を指定する必要があるが，これはクロスバリデーション
(cross-validation) を行う `cv.glmnet()` で推定する．推定には，データを訓練用と
テスト用に分け，訓練用データでモデルを作成し，テスト用で精度を確認するという
手順をとるのが一般的である．これを何度も行うのがクロスバリデーションである．
`cv.glmnet()` のデフォルトでは 10 回行われる．すなわち，データを分割して 10 グ
ループに分け，そのうちの 9 グループでモデルを作成し，残りの 1 グループで確認す
る．確認に使うグループを交換しながら，これを 10 回行う（クロスバリデーション
にはいくつか種類があるが，`cv.glment()` のデフォルトの方法は K-分割クロスバリ
デーションという）．

Ridge 回帰の場合は，引数 `alpha` に 0 を指定する．Elastic Net 回帰の場合は，こ
の `alpha` についても推定が行われることになる．

glmnet パッケージでは，データが行列の形式になっていることが想定されている．
tidyverse の原理にそった tidy なデータフレームは縦の方向にレコードを並べている
ので，これを横方向に変換する必要がある．以下のように `spread()` を使って，先ほ
どの `iPhone_counts` データを横型（ワイド）データに変える．

```
iPhone_spread <- iPhone_counts %>% spread(key = TERM, value = n, fill = 0)
```

次に，`iPhone_spread` と `iPhone_data` を `status_id` で照合して，改めて Po 列

を追加する．

```
iPhone_spread  <- iPhone_spread %>%
                  left_join(iPhone_data %>% select(status_id, Po))
```

この段階で，ツイート固有の番号である `status_id` は不要となるので削除する．

```
iPhone_spread <- iPhone_spread %>% select(-status_id)
```

これによって 5344 行 5535 列のデータフレームが作成された（なお，Mac を含む Unix 系の OS と Windows では形態素解析の結果に微妙な違いが生じることがあるため，列数にも違いが生じることがある）．レコード数よりも列数（単語の種類）のほうが多いので，通常の回帰分析では推定が不可能だが，Lasso 回帰では結果として列数が減らされるため，このまま分析を行う．

さて，分析では手元のデータ全体にロジスティック回帰を適用するのではなく，データを訓練用とテスト用に分割し，前者に対してクロスバリデーションを実施する．たとえば，訓練用データを 10 個のグループに分割する．そして，1 個を検証用に残し，残り 9 個で学習した結果を確認するために利用する．この作業を，検証用の 1 個を変えながら 10 回繰り返す．この 10 回の訓練結果の平均から最適なモデルを決め，改めてテスト用データで検証する．

こうした煩雑な手順を簡単に実現するためのパッケージがいくつか公開されている．広く使われているのが **caret** パッケージであるが，tidyverse の原理にそった機械学習モデリングが可能な **tidymodels** も注目されている．

ただ，本節で利用する **glmnet** パッケージの `cv.glmnet()` はデータ分割とパラメータの検証を自動的に行う関数であるため，まずは，データすべてに `cv.glmnet()` を適用して，予測を行ってみよう．

データを明示的に分割したモデリングの方法については，5.6 節で解説する．

■5.5.1　クロスバリデーション

最初に，**glmnet** パッケージを使った分析手順を確認しよう．

先にも述べたように，**glmnet** パッケージをデータに適用するには，データを行列 (matrix) に変換する必要がある．

```
iPhone_mat <- iPhone_spread %>% select(-Po) %>%
              as.matrix(dimnames = list(NULL, colnames(iPhone_spread)))
```

この行列が説明変数になる．応答変数はベクトルとして別に指定する．`cv.glmnet()` には引数として説明変数の行列，応答変数のベクトル，さらに `type.measure` を指定する．`type.measure` は，モデルの当てはまりのよさを判断する方法である．`cv.glmnet()` では，デフォルトで予測値と実測値の差を使った平均二乗誤差 (mean squared error) が用いられる．ただし，この例のように応答変数が 2 値の場合は，deviance が使われる．また，2 値分類では `class` を指定することで，2 値の予測精度（要するに予測が当たる個数）がもっとも高くなるモデルを選ぶことができる．以下では `auc` を指定しているが，これについては後述する．また，`alpha` を 1 と指定することで，Lasso 回帰が実行される．

なお，正則化パラメータの `lambda` に定数を指定していないので，関数内で適切な値が探索される．クロスバリデーションのフォールド（分割数）は，デフォルトでは 10 であるが，引数 `nfolds` で指定できる．データを分割して何度も推定を行うのには，相応に時間がかかるため，以下では **doParallel** パッケージを使って並列化を行っている（**foreach** パッケージがあわせて導入されている必要がある）．その際，`makeCluster()` で利用するコアの数を指定してクラスタ化する．また，`registerDoParallel()` で並列化による処理を指定している．コア数を指定せずに `registerDoParallel()` を実行すると，利用しているパソコンのコア数の約半分が指定される．筆者の利用しているパソコンでは 8 コアが認識されており，その半分を明示的に指定した．利用しているパソコンのコア数は以下のようにして確認できる．

```
parallel::detectCores()
```

```
[1] 8
```

なお，実行に要した時間を表示させるため，命令全体を `system.time()` で囲んでいる．

```
library(doParallel)
cl <- makeCluster(4)
registerDoParallel(cl)
library(glmnet)
system.time(lasso_cv_auc <- cv.glmnet(x = iPhone_mat , y = iPhone_spread$Po,
                                      type.measure = "auc",
                                      alpha = 1, family = "binomial",
                                      parallel = TRUE))
```

ユーザ	システム	経過
228.031	1.860	82.494

　コア数を指定して並列化した場合は，`stopCluster()` を使って明示的に並列処理を停止する必要がある．

```
stopCluster(cl)
```

　さて，`cv.glmnet()` では λ が推定されるので，その推測値と AUC の関係をグラフで表現してみよう．

```
plot(lasso_cv_auc)
```

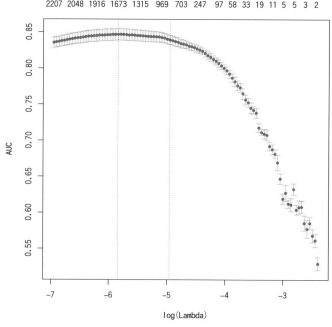

図 5.1　λ と AUC の関係

　図 5.1 の横軸は λ の推定値（の対数）で，縦軸は AUC の値である．AUC は後述するように，1 に近いほどモデルの当てはまりがよいことを示す．左側にある点線で表された縦線は，AUC がもっとも高くなる λ の推定値である．また，右側の点線は，

最小の λ から標準誤差 1 個分離れた値に対応している．罰則項付き回帰分析では λ の大きさによって係数の推定値が異なってくる．λ が大きい場合，係数は小さく推定され，Lasso 回帰の場合は λ が十分に大きくなると係数はすべて 0 になる．ここで λ の最適な値を推定する必要があるが，それには応答変数と予測値の差が最小になるような λ を求める必要がある．クロスバリデーションでは，λ の値を変えながら予測値の精度を確かめるが，精度を求める方法として，上では AUC を使っている．

図 5.1 では，λ が約 0.0029（対数で約 -5.8430）の場合に予測精度 (AUC) は最大になる．ただし，一般には λ の誤差範囲とみなせる範囲（標準誤差一つ分）の λ までが最適候補となる．この例では約 0.007（対数で約 -4.9576) までの範囲の λ を使って係数の推定を行うロジスティック回帰モデルが，過学習を防ぐのに最適と判断される．

また，プロットの上側にある整数は有効な特徴量（説明変数）の個数であり，最適な λ の場合で 1673 個推定されている．これは係数が 0 にはならなかった特徴量，つまり，応答変数の推定に効いている単語の数に対応している．**glmnet** クラスのオブジェクトは複雑な構造をしているので，**broom** パッケージの整形機能を併用し，λ の最小値と，標準誤差を確認する．

```
library(broom)
lasso_cv_auc %>% tidy() %>% filter(lambda ==  lasso_cv_auc$lambda.min |
                                   lambda ==  lasso_cv_auc$lambda.1se)
```

```
# A tibble: 2 x 6
   lambda estimate std.error conf.low conf.high nzero
    <dbl>    <dbl>     <dbl>    <dbl>     <dbl> <int>
1 0.00703    0.839   0.00619    0.833     0.846   850
2 0.00290    0.847   0.00792    0.839     0.855  1673
```

各単語について推定された係数は以下のコードで表示されるが，出力は長くなるので，ここでは掲載を省略する．読者自身で試してほしい．

```
coef(lasso_cv_auc, s = "lambda.min")
```

λ が最小値となるモデルにもとづいて，入力データの予測値を `predict()` で求めて実測値と比較してみよう．最初に混合行列を確認する．混合行列とは，データの応答変数観測値と，モデルによる推定値とを対照させた表である．

```
lasso_preds <- predict(lasso_cv_auc, s = "lambda.min",
                       newx = iPhone_mat, type = "class")
preds_tbl <- table(lasso_preds, iPhone_spread$Po)
preds_tbl
```

```
lasso_preds    0     1
          0  3471   338
          1    32  1503
```

　この混合行列から，さらに以下のような指標を求めることができる．まず，**caret**
パッケージを読み込み，confusionMatrix() に，モデルによる予測値と実測値を（そ
れぞれ因子に変換して）指定する．ただし，デフォルトでは 0 のほうをポジティブ（陽
性）として各種数値が計算される．直感的には 1 のほうをポジティブと設定したほう
がわかりやすいだろう．そこで，confusionMatrix() の引数 positive に 1 を文字
列として指定する．

```
library(caret)
confusionMatrix(as.factor(lasso_preds), as.factor(iPhone_spread$Po),
                positive = "1")
```

```
Confusion Matrix and Statistics

          Reference
Prediction    0     1
         0  3471   338
         1    32  1503

               Accuracy : 0.9308
                 95% CI : (0.9236, 0.9374)
    No Information Rate : 0.6555
    P-Value [Acc > NIR] : < 2.2e-16

                  Kappa : 0.8404

 Mcnemar's Test P-Value : < 2.2e-16

            Sensitivity : 0.8164
            Specificity : 0.9909
         Pos Pred Value : 0.9792
         Neg Pred Value : 0.9113
             Prevalence : 0.3445
         Detection Rate : 0.2812
```

```
    Detection Prevalence : 0.2872
       Balanced Accuracy : 0.9036

        'Positive' Class : 1
```

　混合行列は表 5.2 のようになり，列が実測値，行が予測値に対応している．一般に，混合行列では 2 値を「ポジティブ」と「ネガティブ」に区別する．たとえば，内閣を支持するかという問いに「はい」と答えた場合はポジティブとみなす．あるいは，ある病気に罹患していることをポジティブとすることもある．ただし，病気にかかっていることに負のイメージが強ければ（強いだろうが），罹患していることをネガティブとしてもよいが，一般的ではない．本項の例では，肯定的なツイートを整数の 1 としており，こちらをポジティブと考える．表 5.2 から，現実にポジティブと評価されているツイートが，Lasso 回帰による予測でも正しくポジティブと推定された数が 1503 個，現実にネガティブなツイートが，予測で正しくネガティブと推定された数が 3471 個であることがわかる．先の出力にある正確度 (Accuracy) は，要するに正解の割合のことで，以下のように計算されている．

表 5.2 混合行列

予測値＼実測値	ネガティブ	ポジティブ
ネガティブ	3471	338
ポジティブ	32	1503

```
(3471 + 1503) / (3471 + 1503 + 338 + 32)
```

```
[1] 0.9307635
```

　また，表 5.2 は，より一般的には表 5.3 のようにまとめられる．

　感度 (Sensitivity) は，ポジティブな応答のうち，モデルが正しくポジティブと判定した割合で，再現率や真陽性率ともいわれる．表 5.2 では，「ポジティブ」列の内訳ということになる．

表 5.3 真偽表

予測値＼実測値	ネガティブ	ポジティブ
ネガティブ	True Negative 真陰性 (TN)	False Negative 偽陰性 (FN)
ポジティブ	False Positive 偽陽性 (FP)	True Positive 真陽性 (TP)

```
1503 / (338 + 1503)
```

```
[1] 0.8164041
```

　次に，特異度 (Specificity) は，ネガティブな応答のうち，モデルで正しくネガティ
ブと判定された割合であり，真陰性率ともいわれる．表 5.2 でいえば，「ネガティブ」
列の内訳に相当する．

```
3471 / (3471 + 32)
```

```
[1] 0.990865
```

　Kappa は，一致度を表す係数で，やはり 1 に近いほど予測精度が高いと判断でき
る．ここでは 0.8404 であり，正確度 (Accuracy) が 93% を超えていることと合わせ
ると，予測精度の高いモデルが得られたといえる．

■5.5.2　AUC と ROC

　ここで，さらに，予測性能の評価によく使われる AUC と ROC を確認しよう．こ
れらは特異度と感度を使った指標である．

　2 値分類では，ある応答がポジティブであるかどうかは，モデルから求めた確率を
基準に判断する．これを閾値というが，この値が小さければ（たとえば 0.1），多くの
応答がポジティブと判定されるであろう．逆に，閾値が 0.9 であれば，ほとんどがネ
ガティブと判定されるかもしれない．仮に閾値を 1.0 とすれば，すべてをネガティブ
だと判定することになる．たとえば，10 個のレコードのうち実際にネガティブなのは
3 個だとしても，閾値が 1.0 であれば，予測モデルでは 10 個すべてがネガティブだ
判定される（表 5.4 の下の行）．

　この場合，感度は $TP/(TP+FN)$ で $0/(0+7)$（表 5.4 で「ポジティブ」列の内訳）
となる．特異度は $TN/(TN+FP)$ で $3/(0+3)$ である（「ネガティブ」列の内訳）．特

表 5.4　閾値を 1 として計算する場合

実測値 予測値	ネガティブ	ポジティブ
ネガティブ	TN＝3	FN＝7
ポジティブ	FP＝0	TP＝0

異度は 1.0 となるわけだが，このモデルでは，実際にはポジティブな応答を正しく識別できていない．

　分析においては，誤ってポジティブと判定される割合は下げたいが，同時に，実際にポジティブである実測値は正しくポジティブと判断できるようなモデルを採用したいわけである．

　ここで，ROC 曲線を描いてみよう．ROC 曲線は，横軸に特異度（真陰性率）を，また縦軸に感度（真陽性率）をとり，閾値を変化させたときの偽陽性率と真陽性率の組をプロットしたグラフである．なお，横軸に特異度をとる場合，目盛りは左端を 1.0,右端を 0.0 とする．横軸に偽陽性率（1 − 特異度）をとるグラフも使われており，この場合，横軸は左端が 0.0 となる．**pROC** パッケージを使って描画してみよう．まず，推定結果にもとづいて予測を行う．この際，`type` 引数には `response` を指定する．続けて，プロットを作成する `roc()` を適用し，`ggroc()` で描画する．

```
library(pROC)
lasso_preds_res <- predict(lasso_cv_auc, s = "lambda.min",
                           newx = iPhone_mat, type = "response")
lasso_roc <- roc(as.numeric(iPhone_spread$Po), as.numeric(lasso_preds_res))
ggroc(lasso_roc)
```

　図 5.2 の曲線下の面積が AUC (area under the curve) であり，1 に近いほど，予測性能が高いと判断される．面積は要するに確率であり，以下のようにして求められる．

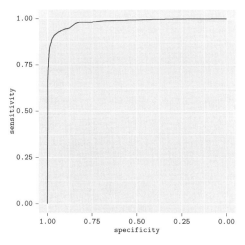

図 5.2　ROC 曲線

```
lasso_roc$auc
```

```
Area under the curve : 0.9792
```

　ここで，予測に有効と判断された変数，つまり単語をグラフで確認してみよう．**broom** パッケージの`tidy()`でモデルの出力を整形し，ここから λ が最小となるモデルの係数を取り出す．そのうえで，係数の大きさで上位 10 語をプロットしてみよう．なお，**ggplot2** では，プロット上で係数の順番が正しく反映されないことがある．そのため，**forcats** パッケージの`fct_reorder()`を併用し，大きさの順にプロットすることを明示的に指示する．結果は図 5.3 のようになる．

```
library(broom)
library(forcats)
## 係数の抽出
coefs <- lasso_cv_auc$glmnet.fit %>% tidy() %>%
  filter(lambda ==  lasso_cv_auc$lambda.1se)
## 係数を可視化
coefs %>%
  group_by(estimate > 0) %>%
  top_n(10, abs(estimate)) %>% ungroup() %>%
  ggplot(aes(fct_reorder(term, estimate), estimate, fill = estimate > 0)) +
```

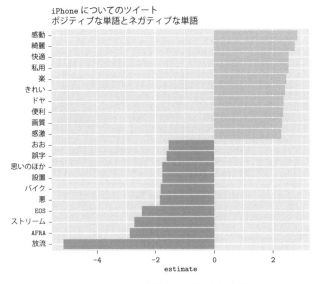

図 5.3　予測に有効と判断された単語

```
geom_col(alpha = 0.8, show.legend = FALSE) +
coord_flip() +
labs(
    x = NULL,
    title = "iPhoneについてのツイート",
    subtitle = "ポジティブな単語とネガティブな単語"
)
```

図で上にある単語はポジティブな評価に関わっている単語であり，「感動」「綺麗」などは直感的にも理解しやすいが，下側にある評価にネガティブな効果をもたらす単語については，ツイートでの使われ方を確認しないと，その理由がわからない．以下のようにしていくつか確認してみよう（ただし，メッセージはいずれも抜粋である）．

```
iPhone_data %>% filter(str_detect(text, "放流")) %>% select(text) %>% pull()
```

```
[1] "過去写真をどわーっと放流してるけど，5 のほうが綺麗に撮れてるのが多い……なぜ"
```

```
iPhone_data %>% filter(str_detect(text, "誤字")) %>% select(text) %>% pull()
```

```
[1] "誤字率最近つらい"
[2] "iPhone6 プラス誤字多すぎるわ 誰やねん，こんなでかくしたやつは"
```

入力しづらいため「誤字」が多くなるという不満を表現したツイートが 80 以上あることがわかる．

5.6 機械学習の作業ルーティン

一般に，機械学習でモデルのパラメータを推定するには，データを訓練用データとテスト用データに分割し，モデルの当てはめの精度の確認を繰り返す．前節で利用した cv.glmnet() は，cv とついているように，関数内部でクロスバリデーションを実行することで，パラメータの推定を行っている．ただし，機械学習関連のパッケージのすべてにクロスバリデーション機能が備わっているわけではなく，ユーザー自身がデータを訓練用とテスト用に分割して，パラメータの探索を繰り返さなければならないこともある．

こうした煩雑な手順を簡単に実現するための汎用的なパッケージがいくつか公開さ

れている.

■5.6.1 caret パッケージによるモデリング

ここでは，まず **caret** パッケージを使って，機械学習のモデリングの分析手順をルーティン化（パイプライン化）してみよう.

```
library(caret)
```

前節の `cv.glmnet()` では，すべてのデータを対象にクロスバリデーションを適用したが，ここではデータを訓練用とテスト用に分割し，前者でクロスバリデーションによるモデルの（パラメータの）探索を行い，その結果を後者でテストしてみよう. 分割には乱数が利用されるが，再現性のため乱数の種を指定しておく. ここで，123 という整数に特に意味はない.

```
set.seed(123)
```

caret の `createDataPartition()` では，訓練用データとテスト用データのそれぞれでポジティブなツイートの割合が等しくなるように分割を行うことができる. この際，全体の 7 割を訓練用データ，残り 3 割をテスト用データとする.

```
inTrain <- createDataPartition(
  y = iPhone_spread$Po,
  p = .7,
  list = FALSE
)
training <- iPhone_spread[ inTrain,]
testing  <- iPhone_spread[-inTrain,]
```

caret そのものには，解析用の関数は実装されていない. **caret** は解析用パッケージを利用するためのフレームワークといえる. ここでは，解析には **glmnet** パッケージを指定する. 引数 x に説明変数を，また y に応答変数のベクトルを指定する. 引数 alpha に 1 を与えると Lasso 回帰が実行され，0 にすると Ridge 回帰が実行される. ここでは alpha と lambda の両方について探索させることにする. これをグリッドサーチとよぶ. 引数 tuneGrid はパラメータの探索範囲を指定する. ここでは，あらかじめ train_grid というオブジェクトを用意して，**caret** パッケージの train() に与えている. expand.grid() は，ある範囲の数値を生成するメソッドで，それぞ

れのパラメータの探索範囲を指定している．ここでは実行時間を短縮するため，やや粗めに設定している．

trainControl() でクロスバリデーション (cv) を指定しておく．ここで引数methodに cv を指定すると，引数 number に与えられた数でデータが分割される．以下の例では 10 個に分割され，うち 9 個でモデルが訓練される．訓練結果は残り 1 個のデータセットで検証がなされる．ちなみに number のデフォルト値は 10 であり，通常はこのままで問題ない．ほかによく使われる指定方法として，trainControl(method="repeatedcv",number=10,repeats=5) がある．この場合，10 分割したデータセットに対するクロスバリデーションを 5 回繰り返すことになる．つまり，訓練用データを 10 分割し，学習と検証を行う作業を 10 回繰り返すクロスバリデーションを，合計 5 回実施する．また，説明変数の単位が異なっている場合は分析結果に偏りが生じるので，本来は preProc=c("center","scale") を指定して標準化すべきであるが，ここでは省略している（下のコードではコメントアウトしている）．

以下を実行するとモデルのパラメータ推定が始まるが，かなり時間がかかるだろう．ここでもパソコン (CPU) の負荷を分散させるために，**doParallel** パッケージで処理の並列化を行っている．

```r
library(doParallel)
cl <- makeCluster(4)
registerDoParallel(cl)
train_cntrl <- trainControl(method = "cv", number = 10)
train_grid <- expand.grid(alpha = seq(0.01,1.0, by = 0.01),
                          lambda = 10^(0:10 * -1))

## 応答変数を除いたデータを作成する
training_X <- training %>% select(-Po)
glmnet_fit_by_caret_elastic <- train(x = training_X,
                                     y = as.factor(training$Po),
                                     method = "glmnet",
                                     tuneGrid = train_grid,
                                     trControl = train_cntrl
                                   # , preProc = c("center", "scale")
)
## 並列処理を止める
stopCluster(cl)
## 時間がかかる処理結果は保存しておく
save(glmnet_fit_by_caret_elastic, file = "glmnet_fit_by_caret_elastic.Rdata")
```

この結果から最適な alpha と lambda を確認するには，以下のようにする．

```
glmnet_fit_by_caret_elastic$bestTune
```

```
    alpha lambda
361  0.33   0.01
```

それでは，訓練用データの学習結果をテスト用データに適用し，ツイートがポジティ
ブかネガティブかを予測し，実際の評価と照合してみよう．予測に与えるテスト用デー
タでは，Po 列を除いておく．

予測結果から混合行列を生成するのに，**caret** の confusionMatrix() が使える．

```
testing_ <- testing %>% select(-Po)
yhat <- predict(glmnet_fit_by_caret_elastic, testing_)
confusionMatrix(table(yhat, as.factor(testing$Po)), positive = "1")
```

```
Confusion Matrix and Statistics

yhat    0    1
   0 1019  148
   1   31  404

               Accuracy : 0.8883
                 95% CI : (0.8718, 0.9033)
    No Information Rate : 0.6554
    P-Value [Acc > NIR] : < 2.2e-16

                  Kappa : 0.7395

 Mcnemar's Test P-Value : < 2.2e-16

            Sensitivity : 0.7319
            Specificity : 0.9705
         Pos Pred Value : 0.9287
         Neg Pred Value : 0.8732
             Prevalence : 0.3446
         Detection Rate : 0.2522
   Detection Prevalence : 0.2715
      Balanced Accuracy : 0.8512

       'Positive' Class : 1
```

前節のすべてのデータに対して cv.glmnet() を適用した場合に比べて，正確度が
落ちている．これは，本節の **caret** を使った分析では，クロスバリデーションでの精

度確認にまったく使わなかったテスト用データに対して予測を行っているからである.

なお, 各変数(単語)の重要度を varImp() で確認できる. デフォルトの出力は相対的重要度になる.

```
varImp(glmnet_fit_by_caret_elastic)
```

```
glmnet variable importance

  only 20 most important variables shown (out of 5534)

                  Overall
ぎゃ               100.00
アウトレット        97.91
試作               95.84
悪                 88.91
ハースストーン       81.27
iPadAir            80.83
表裏               80.49
ツイキャス          80.44
読みで             80.08
触り               79.76
ストリーム          78.51
Kindle             77.49
感動               77.05
ワザ               76.89
覚悟               76.74
中古               73.81
ラッスン            73.68
ガクガクブルブル     73.33
感激               73.03
無視               72.35
```

■5.6.2　tidymodels パッケージによるモデリング

次に, **tidymodels** パッケージを使った機械学習のモデリングをしよう. **tidymodels** での手順は tidyverse のフレームワークにそっているが, 処理手順ごとに独自のメソッドが定義されており, それぞれ「料理」のプロセスを思い起こさせる名前が付けられている.

まず, set.seed() で乱数の種を設定したうえで, データを訓練用データとテスト用データに分割する. **tidymodels** では initial_split(), training(), testing() という関数が用意されている. なお最初に, 応答変数 Po を as.factor() によって明示的に因子に変換しておく.

```
library(tidymodels)
iPhone_spread <- iPhone_spread %>% mutate(Po = as.factor(Po))
set.seed(123)
splited_data <- initial_split(iPhone_spread, p = 0.5, strata = c('Po'))
training_data <- training(splited_data)
test_data <- testing(splited_data)
```

　次に，recipe() で分析の方針を定義する．これを「レシピ」という．レシピによって，応答変数と説明変数の対応（モデル）を指定する．

```
rec <- recipe(Po ~ ., data = training_data)
rec
```

```
Data Recipe

Inputs:

      role #variables
   outcome          1
 predictor       5534
```

　レシピが用意できたら，訓練用データに prep() で「下ごしらえ」の方針を指定する．

```
rec_dat <- rec %>% prep(training = training_data)
rec_dat
```

```
Data Recipe

Inputs:

      role #variables
   outcome          1
 predictor       5534

Training data contained 2673 data points and no missing data.
```

　下ごしらえの方針を立てた後，訓練用データとテスト用データのそれぞれに適用する．訓練用データは juice() で，またテスト用データは bake() で「味付け」する．これでデータの準備が完了したことになる．

```
train_baked <- rec_dat %>% juice()
test_baked <- rec_dat %>% bake(test_data)
```

　次に，分析方針に適切な機械学習の手法を選択する．ここではロジスティック回帰を利用し，Lasso 回帰による補正を行うように指定する．また，分析には **glmnet** パッケージを利用する．

　ここで，引数 mixture は 0 から 1 の間の実数で，L1 ノルムの割合を示す．つまり，Lasso 回帰であれば 1 を指定する．なお，logistic_reg() は実際の実装が **parsnip** パッケージでなされている．また，引数 penalty は λ に相当する．この探索範囲を大きくするとパラメータの推定に時間がかかることになるが，ここでは実行時間を節約するため，0.00001 から 1 の間で 6 段階の値を指定している．

```
glmnet_model_tidy <- logistic_reg(mixture = 1, penalty = 10^(0:5 * -1)) %>%
                        set_engine("glmnet")
glmnet_model_tidy
```

```
Logistic Regression Model Specification (classification)

Main Arguments:
  penalty = 10^(0:5 * -1)
  mixture = 1

Computational engine: glmnet
```

　準備が整ったので，モデルの学習を始める．以下のコードは実行が終わるまでに，かなりの時間がかかるので注意されたい．

```
lasso_tidy <- glmnet_model_tidy %>% fit(Po ~ ., data = train_baked)
lasso_tidy
```

```
parsnip model object


Call:  glmnet::glmnet(x = as.matrix(x), y = y, family = "binomial", alpha =
~1, lambda = ~10^(0:5 * -1))

      Df      %Dev Lambda
[1,]   0 -5.517e-15  1e+00
[2,]   0 -6.206e-15  1e-01
```

```
[3,]   525   4.341e-01   1e-02
[4,]  1430   8.455e-01   1e-03
[5,]  1524   9.259e-01   1e-04
[6,]  1387   9.365e-01   1e-05
```

　実行すると，収束が終わっていないという警告が出るが，ここではこのままモデル
から予測を行ってみる．予測には，先に調理済みの `test_baked` データを利用する．
なお，ここではペナルティに 6 種類の値が推定されているので，それぞれの場合につ
いて予測を行う．これには `multi_predict()` を使う．

```
preds  <- test_baked %>% select(Po) %>%
          bind_cols(fitted = multi_predict(lasso_tidy, test_baked))
preds
```

```
# A tibble: 2,671 x 2
   Po    .pred
   <fct> <list>
 1   1   <tibble [6 x 2]>
 2   0   <tibble [6 x 2]>
 3   1   <tibble [6 x 2]>
 4   1   <tibble [6 x 2]>
 5   1   <tibble [6 x 2]>
 6   1   <tibble [6 x 2]>
 7   1   <tibble [6 x 2]>
 8   0   <tibble [6 x 2]>
 9   1   <tibble [6 x 2]>
10   1   <tibble [6 x 2]>
# … with 2,661 more rows
```

　このデータフレームでは `.pred` 列に，ペナルティの値ごとに予測値を求めた
結果のデータフレーム (tibble) が入れ子になっている．たとえば，出力の最初に
`1 <tibble> [6 x 2]` とあるのは，最初のレコード（ツイート）の評価は 1 （ポ
ジティブ）であるが，これに対するモデルの予測を，6 種類のパラメータごとに推定
した結果がリストとして格納されていることを表している．最初のレコードに対する
予測値を確認するには，次のようにすればよい．

```
preds$.pred[[1]]
```

```
> preds$.pred[[1]]
# A tibble: 6 x 2
  penalty .pred
    <dbl> <fct>
1 0.00001   1
2 0.0001    1
3 0.001     1
4 0.01      1
5 0.1       0
6 1         0
```

この出力について，さらにペナルティを 0.0001 とした場合の予測精度だけを出力するには，次のように添字を加える.

```
preds$.pred[[1]][2, ]
```

```
# A tibble: 1 x 2
  penalty .pred
    <dbl> <fct>
1  0.0001   1
```

ただし，このままでは使いにくいので，unnest() を使って .pred 列を展開してしまったほうがいいだろう.

```
preds_flat <- preds %>% mutate(.pred = map(.pred, bind_rows)) %>% unnest()
preds_flat
```

```
# A tibble: 16,026 x 3
   Po    penalty .pred_class
   <fct>   <dbl> <fct>
 1   1   0.00001   1
 2   1   0.0001    1
 3   1   0.001     1
 4   1   0.01      1
 5   1   0.1       0
 6   1   1         0
 7   1   0.00001   0
 8   1   0.0001    0
 9   1   0.001     0
10   1   0.01      0
# … with 16,016 more rows
```

penalty 列の値ごとにグループ化して，metrics() で，それぞれのグループについて予測精度を求めよう．

```
preds_flat %>% group_by(penalty) %>% metrics(Po, .pred_class)
```

```
# A tibble: 12 x 4
   penalty .metric  .estimator .estimate
     <dbl> <chr>    <chr>          <dbl>
 1 0.00001 accuracy binary         0.716
 2 0.0001  accuracy binary         0.735
 3 0.001   accuracy binary         0.764
 4 0.01    accuracy binary         0.759
 5 0.1     accuracy binary         0.656
 6 1       accuracy binary         0.656
 7 0.00001 kap      binary         0.372
 8 0.0001  kap      binary         0.409
 9 0.001   kap      binary         0.457
10 0.01    kap      binary         0.396
11 0.1     kap      binary         0
12 1       kap      binary         0
```

出力の最初は，ペナルティの値を 0.00001 と設定した場合のモデルによる推定の正確度 (accuracy) について，2 値 (binary) の混合行列で評価した結果 (0.716) を表している．

5.7　ランダムフォレスト

caret や tidymodels の分析手順では，データの処理手順はそのままとして，分析手法だけを変えることができる．手法を変えるには，推定すべきパラメータと分析パッケージの指定を変更すればよい．以下，手法をランダムフォレストに変更する方法を，caret と tidymodels それぞれの場合について紹介しておこう．

ランダムフォレストとは，決定木という分類ないし回帰の手法を多数繰り返し，それらの結果の多数決で判別を行う方法のことである．決定木を理解するには，その分析結果を可視化するのが手っ取り早い．以下，簡単な例として，rpart パッケージを使ってタイタニック号 (Titanic) のデータから決定木を作成し，生死に決定的な影響を与えたと思われる属性を推定してみよう．

```
## データ整形のために epitools を使う
library(epitools)
## Titanic の配列をデータフレームに変換
Titanic1 <- expand.table(Titanic)
library(rpart)
Titanics_rpart <- rpart (Survived ~ Sex + Age+ Class, data = Titanic1)
Titanics_rpart
library(rpart.plot)
 prp(Titanics_rpart, type=2, extra=101,
     nn = TRUE, fallen.leaves = TRUE, faclen = 0, varlen = 0,
     shadow.col = "grey", branch.lty = 3, cex = 1.2, split.cex = 1.2,
     under.cex = 1.2)
```

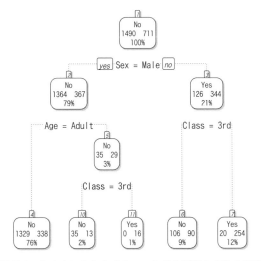

図 5.4 決定木によるタイタニック号生存者の条件の推定

　図5.4のプロットで最上部に「No 1490 711」とあるのは，データ全体で死亡が1490名，生存者が711名ということであり，死亡者 (No) のほうが多いことを示す．この部分をノードという．このノードの下に「Sex=Male」とあるが，このデータでは，まず性別が重要な変数となっていることが示されている．そして男性なら左下に，女性ならば右下に枝分かれする．さらに右下の枝の場合，女性のうち344名が生存 (Yes)，126名が死亡 (No) したことがわかる．この下の条件は「Class=3rd」であり，等級が影響力のある変数であることを示している．すなわち，3等客室であれば左，1ないし2等客室であれば右に進む．すると，3等客室の場合は死亡者のほうが106名と多いのに対して，1, 2等客室では生存者のほうがはるかに多く254名となっている．また最上部に戻って，「Sex=Male」が Yes の場合は1364名が死亡している．その下

の「Age=Adult」が No, つまりは子供の場合は右下に進むと 35 名が死亡している
が, その内訳で 「Class=3rd」が No のとき, つまり 1, 2 等客室の場合は, 16 名全
員が救出されて生き残っているのがわかる.

ランダムフォレストは, データの一部を抽出し, また検討対象の変数を変えたうえで
図 5.4 のような決定木を多数生成し, その結果の多数決によって判別を行う方法であ
る. 一般にランダムフォレストでは, 精度の高い予測が得られることが知られている.

以下, iPhone の評価に関するデータに戻り, ランダムフォレストを適用してみよ
う. **caret** パッケージと **tidymodels** パッケージの両方で実行してみるが, いずれも
結果が得られるまでには相当の時間がかかるので注意されたい.

■5.7.1　caret パッケージの場合

訓練用データとテスト用データは, 5.6 節で行った分割をそのまま利用する. `train()`
の引数 method に分析手法として **ranger** パッケージの機能を使うことを指定し, 変数
の数 `mtry` とノードの最小サイズ `min.node.size` を指定する. ほかに, 決定木の数を
`num.trees` で指定できる. ここでもグリッドサーチの指定をしている. `splitrule`
はノードを分岐する基準である. `importance` は変数の重要度の基準である. 分類問
題では impurity を指定して gini 指標を使う. なお, 以下の処理には数時間が必要と
なるだろう.

```
train_cntrl <- trainControl(method = "repeatedcv", number = 10, repeats = 5)
## パラメータのグリッドサーチ設定の例1
## rf_train_grid <- expand.grid(mtry = 800:1400, splitrule = "gini",
##                              min.node.size = c(10, 20))
## パラメータのグリッドサーチ設定の例2
rf_train_grid <- expand.grid(mtry = 1000, min.node.size = 1,
                             splitrule = "gini")
rf_fit_by_caret <- train(x = training_X,
                         y = as.factor(training$Po),
                         method = "ranger",
                         tuneGrid = rf_train_grid,
                         trControl = train_cntrl,
                         importance = "impurity",
                         preProc = c("center", "scale")
)
```

結果は以下のようになった.

```
Random Forest
```

```
3742 samples
5534 predictors
   2 classes: '0', '1'

Pre-processing: centered (5534), scaled (5534)
Resampling: Cross-Validated (10 fold, repeated 5 times)
Summary of sample sizes: 3367, 3368, 3368, 3368, 3368, 3368, ...
Resampling results:

  Accuracy  Kappa
  0.767726  0.4499828

Tuning parameter 'mtry' was held constant at a value of 1000
Tuning parameter 'splitrule' was held
 constant at a value of gini
Tuning parameter 'min.node.size' was held constant at a value of 1
```

■5.7.2 tidymodels パッケージの場合

tidymodels では，ランダムフォレストを実行するメソッド rand_forest() が用意されている（厳密には **parsnip** パッケージで実装されている）ので，以下のような指定になる．

```
rf_tidy <- rand_forest(mode = "classification", trees = 20,
                       min_n = 100, mtry = 1000) %>%
                       set_engine("randomForest", num.threads =
                       parallel::detectCores()-2, seed = 123)
rf_tidy_fit <- rf_tidy %>% fit(Po ~ ., data = train_baked)
rf_tidy_fit
```

```
parsnip model object


Call:
 randomForest(x = as.data.frame(x), y = y, ntree = ~20, mtry = ~500, nodesize =
~100, num.threads = ~parallel::detectCores() -          2, seed = ~42)
               Type of random forest: classification
                     Number of trees: 20
of variables tried at each split: 500


        OOB estimate of  error rate: 24.17%
Confusion matrix:
      0    1 class.error
0  1582  170 0.09703196
```

```
1    476   445   0.51682953
```

　テスト用データを予測し，混合行列を求める．ここでは `conf_mat()` を使ってグラフとして出力してみよう（図 5.5）．混合行列のグラフで対角線（この例では左下から右上）の頻度が真陽性率と真陰性率に対応するので，このセルの背景色が濃いようであれば，正確度が高いと判断できる．

```
fitted <- predict(rf_tidy_fit, test_baked)
## 元データの正答に予測値を新規列として追加する
rf_tidy_preds <- test_baked %>% select(Po) %>%
                  add_column(Fit = fitted$.pred_class$res)
## 混合行列を表すプロットの作成
conf_mat(rf_tidy_preds, truth = Po, estimate = Fit)[[1]] %>% as_tibble() %>%
  ggplot(aes(Prediction, Truth, alpha = n)) +
  geom_tile(show.legend = FALSE) +
  geom_text(aes(label = n), color = "white", alpha = 1, size = 8) +
  labs(title = "混合行列")
```

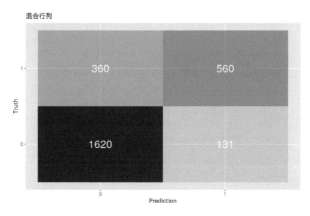

図 5.5　混合行列のプロット

6 単語分散表現

　テキストデータを分析する手法として，これまでは bag of words (BoW) モデルが主流であった．BoW は，テキストに出現する単語の頻度をデータとして利用する方法である．すなわち，単語の出現位置や意味は考慮していない．この意味するところは，たとえば「事典」と「辞典」は互いにまったく異なる単語として扱われるということである．第 4 章でツイートがネガティブかポジティブかを判断したが，ここではまさに BoW が使われていた．

　これに対して，単語分散表現として知られる方法は，単語のコンテキスト（出現位置）を考慮した手法である．単語分散表現では，単語はベクトルとして表現される．この結果として，個々の単語のベクトルどうしの距離が求められるようになり，「意味」の近さを数値的に確認できるようになる．

　単語分散表現は，自動翻訳やテキスト分類などのタスクでは，通常の単語文書行列を入力とした場合よりも精度が上がることが知られている．

　本章では，単語分散表現を R で実行する方法を解説する．

6.1　単語ベクトル

■6.1.1　単語ベクトルとは

　単語をベクトルで表すということの意味を簡単に説明しよう．たとえば，「桃を食べる」「梨を食べる」「犬を飼う」「猫を飼う」という文章があったとする．ここで，助詞を無視して，出現する名詞と動詞だけを考えると，「食べる」「梨」「桃」「飼う」「犬」「猫」の六つの単語があることになる．このそれぞれを単純なベクトルで表現すると，表 6.1 のようになる．

　それぞれ，0 が五つと 1 が一つのベクトルで表されている．たとえば，「食べる」は先頭の数値が 1 で，ほかは 0 である．これによって，六つの単語が区別できるようになる．このように，複数の数値のうち一つだけが 0 以外の値をとるベクトルを one-hot ベクトルとよぶ．この例では，単語が六つしか存在しないと想定している．すなわち，それぞれのベクトルは 6 個の要素（0 か 1）からなる．これを次元という．もしも語彙が 1000 語あれば，それぞれのベクトルの次元は 1000 となり，その要素のうち 999 個は 0 で残り 1 個だけが 1 となっている．

表6.1　単語ベクトルの例

単語	対応するベクトル
食べる	$(1,0,0,0,0,0)$
梨	$(0,1,0,0,0,0)$
桃	$(0,0,1,0,0,0)$
飼う	$(0,0,0,1,0,0)$
犬	$(0,0,0,0,1,0)$
猫	$(0,0,0,0,0,1)$

■6.1.2　LSA による単語の意味的関係の表現

　もっとも，これだけでは個々の単語を数値ベクトルとして表現できたというだけである．これらの単語の意味的関係をどのように表現できるであろうか．自然言語処理には，単語の出現するコンテキストを考慮するというアイデアがある（分布仮説という）．「彼は梨を食べた．僕は桃が食べたい．あなたは猫を飼っている．彼女は犬を飼いたい」であれば，「食べる」という語の前に来る語は「人が口に入れて飲み込めるもの」という共通性があると考えられる．この共通性を意味的な近さと考えるのである．単語の近さを表現するには，共起行列にするのがわかりやすい．共起行列とは，以下のような構造のデータである．

	彼	僕	あなた	彼女	梨	桃	猫	犬	食べる	飼う
彼	0	0	0	0	1	0	0	0	1	0
僕	0	0	0	0	0	1	0	0	1	0
あなた	0	0	0	0	0	0	1	0	0	1
彼女	0	0	0	0	0	0	0	1	0	1
梨	1	0	0	0	0	0	0	0	1	0
桃	0	1	0	0	0	0	0	0	1	0
猫	0	0	1	0	0	0	0	0	0	1
犬	0	0	0	1	0	0	0	0	0	1
食べる	0	0	0	0	1	1	0	0	0	0
飼う	0	0	0	0	0	0	1	1	0	0

　行と列に同じ単語が並んでいるが，ある文章において行側の単語と同時に出現している単語（列）には 1 が振られている．ただし，この方法だと単語の数だけ表（行列）が大きくなる．行列のサイズが大きくなると，その計算処理に大きな負荷がかかる．この表の情報を可能な限り残したまま，サイズを小さくする方法がいくつかある．その一つが特異値分解である．実際にやってみよう．

```
## サポートサイトの tab.Rdata を読み込む
load("tab.Rdata")
td <- apply(tab[2:11, 2:11], c(1,2), as.integer)
td <- as.matrix(tab) ; rownames(td) <- tab[2:11, 1]
colnames(td) <- tab[1, 2:11]
td
```

	彼	僕	あなた	彼女	梨	桃	猫	犬	食べる	飼う
彼	0	0	0	0	1	0	0	0	1	0
僕	0	0	0	0	0	1	0	0	1	0
あなた	0	0	0	0	0	0	1	0	0	1
彼女	0	0	0	0	0	0	0	1	0	1
梨	1	0	0	0	0	0	0	0	1	0
桃	0	1	0	0	0	0	0	0	1	0
猫	0	0	1	0	0	0	0	0	0	1
犬	0	0	0	1	0	0	0	0	0	1
食べる	0	0	0	0	1	1	0	0	0	0
飼う	0	0	0	0	0	0	1	1	0	0

この行列に特異値分解を適用してみる.

```
svd_d <- svd(td)
svd_d$u
```

```
              [,1]          [,2]          [,3]          [,4]          [,5]
 [1,] -8.852233e-17 -5.100363e-01 -3.764977e-17 -1.378450e-01  5.676279e-01
 [2,] -3.009300e-16 -5.100363e-01  1.291540e-16 -1.378450e-01 -5.676279e-01
 [3,] -5.100363e-01  0.000000e+00 -1.378450e-01  0.000000e+00  4.057875e-01
 [4,] -5.100363e-01  0.000000e+00 -1.378450e-01  0.000000e+00 -4.057875e-01
 [5,]  0.000000e+00 -4.390422e-01  0.000000e+00  4.293744e-01  0.000000e+00
 [6,]  3.894523e-16 -4.390422e-01 -9.150423e-17  4.293744e-01  1.387779e-16
 [7,] -4.390422e-01  2.252448e-17  4.293744e-01  1.799632e-16 -1.146086e-01
 [8,] -4.390422e-01  0.000000e+00  4.293744e-01  0.000000e+00  1.146086e-01
 [9,]  0.000000e+00 -3.069361e-01  0.000000e+00 -7.702421e-01  0.000000e+00
[10,] -3.069361e-01  0.000000e+00 -7.702421e-01  0.000000e+00  8.283305e-16
              [,6]          [,7]          [,8]          [,9]         [,10]
 [1,] -1.347481e-01 -3.995517e-01 -3.330669e-16 -4.699593e-01 -4.414714e-16
 [2,]  1.347481e-01  3.995517e-01 -3.330669e-16 -4.699593e-01  3.638165e-16
 [3,] -7.550739e-03  5.790333e-01  1.795918e-18  0.000000e+00 -4.699593e-01
 [4,]  7.550739e-03 -5.790333e-01  0.000000e+00  0.000000e+00 -4.699593e-01
 [5,]  0.000000e+00  0.000000e+00 -7.071068e-01  3.505418e-01  0.000000e+00
 [6,]  2.220446e-16  2.775558e-16  7.071068e-01  3.505418e-01  7.765493e-17
 [7,] -6.941080e-01  7.126657e-02  2.243456e-16  2.603226e-16  3.505418e-01
 [8,]  6.941080e-01 -7.126657e-02  0.000000e+00  0.000000e+00  3.505418e-01
```

```
  [9,]   2.602085e-18   0.000000e+00   1.245199e-16   5.590326e-01   0.000000e+00
 [10,]   3.338258e-16  -4.510281e-17   0.000000e+00   0.000000e+00   5.590326e-01
```

　この各行が単語のベクトルを表しているが，左の 2 列だけを使って散布図に描いてみる（図 6.1）.

```
jitY <- jitter(svd_d$u[,2], amount=.1)
jitX <- jitter(svd_d$u[,1], amount=.1)
plot(jitX, jitY, type = "n")
text(jitX, jitY, labels = rownames(t))
```

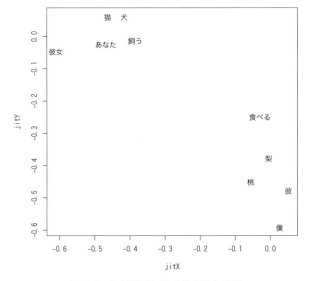

図 6.1　共起行列に特異値分解を適用

　二つの動詞それぞれの周辺に，コンテキストにあった単語が表示されているのが確認できる. また，作図に使ったデータは 11 行 2 列の行列であり，もとの 11 行 11 列の共起行列が圧縮されている. これは単語を 2 次元で表現していることになる. ちなみに，この手法は LSA (latent semantic analysis) といわれるが，詳細は文献[1]を参照されたい.

6.2　単語分散表現

　一方，単語の位置関係から求めたベクトルによって意味の類似度を考える（あるい

は近辺に出現する単語の予測をする）手法として最近よく使われているのは，単語分散表現である．

単語分散表現として知られる手法にはいくつかあるが，ここでは word2vec, GloVe, そして fastText を取り上げる．いずれも，単語の位置関係を情報として利用する．

■6.2.1　word2vec

最初に word2vec を紹介しよう．word2vec には CBOW (continuous bag of words) と Skip-Gram がある．前者はコンテキストから特定の単語の出現を予測し，後者は単語からコンテキストを予測する．コンテキストはウィンドウともいわれる．

一般に，単語分散表現は，大量のテキストデータから訓練される．これは非常に負荷の高い処理であり，一般のユーザーが手持ちのパソコンで実行するにはハードルが高い．一方，Google や Facebook などは，研究チームが訓練した単語分散表現を公開している．これらの訓練済みモデルを取り込めば，個人のノートパソコンでも，単語分散表現を利用した分析を実行することができる．手始めに，英語の例であるが，訓練済みデータを使って word2vec を試してみる．**softmaxreg** パッケージには，訓練済み単語埋め込み表現（のミニセット）が同封されている．

```
library(softmaxreg)
data(word2vec)
dim(word2vec)
```

```
[1] 12853    21
```

RStudio であれば，`View(word2vec)` としてデータを確認することができる（図6.2）．

ここには 12853 個の単語が 20 次元で表現されている（ほかの 1 列は単語である）．ざっくりと可視化してみよう．多次元データを可視化するために次元削減を行う手法に t-SNE がある．以下，R の **Rtsne** パッケージを使って試してみよう．なお，実行にはやや時間を要するだろう．

```
library(Rtsne)
tsne_words <- Rtsne(as.matrix(word2vec[,-1]),check_duplicate = FALSE,
                    verbose = TRUE)
idx <- 1:100
plot(tsne_words$Y[idx],  t = 'n', main = "Rtsne")
text(tsne_words$Y[idx], labels = word2vec[idx,1])
```

	word	col1	col2	col3	col4	col5	col6	col7	col8	col9	col10
1	expands	0.40553	0.28853	-0.59429	-0.15864	0.17330	0.22890	0.12649	-0.07011	0.19290	
2	mobutu	0.00938	0.41061	-0.32526	0.08943	0.24560	-0.07285	0.15669	-0.20358	0.17647	
3	contends	0.08888	0.25632	-0.35454	0.09304	-0.04802	0.40575	-0.14148	-0.36319	0.06299	
4	june	2.60395	2.67175	0.79562	2.66639	-0.05200	-4.05117	-0.56082	3.75234	-0.25007	
5	branch	0.07003	-0.23289	-0.60203	-0.10870	-0.19456	0.44149	0.71168	-0.06072	0.58567	
6	boom	0.74027	0.42692	-0.68575	-0.37356	-0.04878	-0.82011	0.24457	-0.24025	0.30356	
7	book	1.33032	-0.41911	-0.36447	0.43531	-0.43499	-0.08896	0.06012	-0.40035	1.04810	
8	illinois	-0.22027	0.31306	-0.26104	-0.28630	0.20277	0.37432	0.62200	0.24295	0.52604	
9	percent	2.91461	0.07559	-1.53747	5.10835	-2.48661	1.11463	-0.16890	1.17816	6.65119	
10	broadly	0.63942	0.57782	-0.91648	0.19141	-0.30180	0.24878	0.43635	-0.60291	0.58046	
11	windfall	0.60859	0.17047	-0.36393	0.78691	-0.34371	-0.07175	0.26566	-0.20684	0.64381	
12	funds	0.60105	-1.85004	-1.52389	0.43764	-1.17264	0.89910	1.23705	-3.28629	1.41247	
13	indictments	0.11585	0.56291	-0.29198	0.21015	0.15556	0.08887	0.11099	-0.28880	0.09160	
14	maize	0.30348	0.11655	-0.68638	-0.06066	-0.18258	0.17856	0.15902	-0.03780	0.39253	

Showing 1 to 16 of 12,853 entries, 21 total columns

図 6.2　訓練済み単語埋め込み表現データ

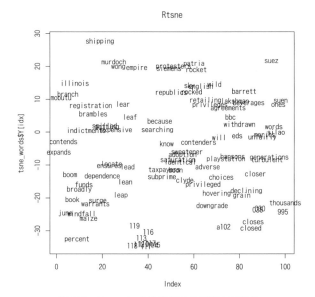

図 6.3　**Rtsne** による単語分散表現の可視化

　1 万 2 千を超える単語をすべて表示するわけにもいかないので，図 6.3 のように 100 個程度を表示させてみた．また，収録されている単語のいくつかについて，実際にベクトルを確認してみよう．

```
word2vec %>% filter(word %in% c("this", "is", "an", "example"))
```

```
      word     col1     col2     col3     col4     col5     col6     col7
1     this -0.57045 -1.26771 -5.70115  0.97969 -1.79938 -5.73128 -4.17277
2  example  0.76151  0.16697 -0.55412  0.58344  0.41537 -0.62727 -0.02695
3       is  2.41948  0.39131  0.22896 -4.65848 -0.87382 -1.19843 -3.83768
4       an  0.51967 -1.87655 -3.23843 -0.42250  1.22926 -2.87046 -5.27765
         col8     col9    col10    col11    col12    col13    col14    col15
1    -0.54239 -0.56952 -1.48685 -1.72354  1.99572  3.35165  0.74454  0.16141
2    -0.06516  1.03039 -0.38147  0.39350  1.43375 -1.27404  0.04288  1.49793
3    -0.45187  2.62619  1.31110  3.97980 -1.12133 -4.99260 -3.74796 -2.33572
4     0.67318 -0.06354 -3.55867 -1.18680  2.72664  0.77016 -0.16066  0.98846
        col16    col17    col18    col19    col20
1     2.30055  4.93939 -1.28222  2.10486 -2.29343
2    -0.48099 -0.04542  1.18605 -1.16806 -0.78283
3    -2.79322 -1.70384  0.14674  1.01977  2.07089
4     2.12647 -1.48946 -1.47818  4.53594 -1.95082
```

softmaxreg パッケージの wordEmbed() に文を与えると，その文をベクトルに変換する．これは，出現する単語それぞれのベクトルについて，それらの要素の平均値を求めたものである．

```
wordEmbed("this is an example", word2vec, meanVec = TRUE)
```

```
          col1      col2      col3      col4      col5      col6      col7
[1,] 0.7825525 -0.646495 -2.316185 -0.8794625 -0.2571425   -2.60686 -3.328763
          col8      col9     col10     col11     col12     col13    col14
[1,]   0.09656   0.75588 -1.028973   0.36574  1.258695 -0.5362075   -0.7803
         col15     col16     col17     col18     col19     col20
[1,]   0.07802 0.2882025 0.4251675 -0.3569025  1.623128 -0.7390475
```

各単語ベクトルについて，個別に平均値を求めて並べた結果と一致することを確認しよう．

```
wordEmbed(c("this", "is", "an", "example"),
          word2vec, meanVec = TRUE) %>% colMeans()
```

```
         col1       col2       col3       col4       col5       col6       col7
    0.7825525 -0.6464950 -2.3161850 -0.8794625 -0.2571425 -2.6068600 -3.3287625
         col8       col9      col10      col11      col12      col13      col14
   -0.0965600  0.7558800 -1.0289725  0.3657400  1.2586950 -0.5362075 -0.7803000
        col15      col16      col17      col18      col19      col20
    0.0780200  0.2882025  0.4251675 -0.3569025  1.6231275 -0.7390475
```

こうした 20 次元のベクトルが，ある文章やテキストの単語分散表現となる．これを特徴量（説明変数）として，予測モデルを構築することが可能になる．試してみよう．

softmaxreg パッケージの分散表現は，Reuter 50_50 データセットをもとに作成されている (`https://archive.ics.uci.edu/ml/datasets/Reuters-21578+Text+Categorization+Collection`)．データセットには，50 人の記者による記事が入っており，それぞれ訓練用データとテスト用データに分けられている．このデータセットとその分散表現を使って，記者の推定を行ってみよう．まず，データを以下のようにダウンロードする．

```
loadURLData("http://archive.ics.uci.edu/ml/machine-learning-databases/00217/C50.
            zip", getwd(), unzip = TRUE)
```

すると，現在のフォルダに C50train と C50test という二つのフォルダが作成され，内部にはさらに記者の名前が付けられたフォルダが，それぞれ 50 個作成されているはずである．これらのフォルダにはいずれも，50 個の記事ファイルが保存されている．

以下では，適当に 2 人の記者を選び，それぞれの記事から計算した単語分散表現を特徴量として，記者を特定できるか調べてみよう．

ここでは 'AaronPressman', 'BernardHickey' の 2 人を判別してみる．まず，**softmaxreg** パッケージの `document()` でファイルを読み込み，それぞれの記事の文を `wordEmbed()` でベクトル化する．また，2 人の記者の一方に 1 を，他方に 2 を対応させたベクトルを用意し，これを応答変数とする．テスト用データも同様に処理する．

```
## 訓練用データ
subFoler <- c('AaronPressman', 'BernardHickey')
docTrain <- document(path = paste("C50train/",subFoler, sep = ""),
                     pattern = 'txt')
xTrain <- wordEmbed(docTrain, dictionary = word2vec)
yTrain <- c(rep(1,50), rep(2,50))
## テスト用データ
docTest <- document(path = paste("C50test/",subFoler, sep = ""),
                    pattern = 'txt')
xTest <- wordEmbed(docTest, dictionary = word2vec)
yTest <- c(rep(1,50), rep(2,50))
```

訓練用データの文書ベクトルを一部確認してみよう．1 行目から 2 行目は 'AaronPressman' による記事で，それぞれの文章のベクトルの要素（のうち 10 個）を表示させている．

```
xTrain %>% dim()
```

```
[1] 100  20
```

```
xTrain[1:2, 1:10]
```

```
          col1      col2       col3       col4       col5       col6      col7
[1,] 0.6488382 0.1743489 -1.0747771 -0.1521539 -0.1535582 -0.4436941 0.3869064
[2,] 0.7280370 0.2275379 -0.9424848 -0.1907121 -0.2626246 -0.3027791 0.4063089
          col8      col9     col10
[1,] -0.7960597 0.103566 -0.3509322
[2,] -0.6581150 0.166318 -0.2407859
```

なお，データの 1 行目から 50 行目が 'AaronPressman' の記事であり，51 行目から 100 行目が 'BernardHickey' の記事である．予測すべき応答変数（ベクトル）として，最初の 50 個の要素を 1 とし，51 から 100 個目までを 2 とする．それぞれ，'AaronPressman' と 'BernardHickey' に対応している．

glmnet パッケージを使って Lasso 回帰を当てはめ，予測精度をみてみよう．

```
library(glmnet)
res <- cv.glmnet(xTrain, yTrain, alpha = 1, family = "binomial")
pred <- predict(res, xTest, type = "class")
library(caret)
confusionMatrix(table(pred, yTest))
```

```
Confusion Matrix and Statistics

     yTest
pred  1  2
   1 44  5
   2  6 45

              Accuracy : 0.89
                95% CI : (0.8117, 0.9438)
   No Information Rate : 0.5
   P-Value [Acc > NIR] : <2e-16

                 Kappa : 0.78

 Mcnemar's Test P-Value : 1
```

```
      Sensitivity : 0.8800
      Specificity : 0.9000
   Pos Pred Value : 0.8980
   Neg Pred Value : 0.8824
       Prevalence : 0.5000
   Detection Rate : 0.4400
Detection Prevalence : 0.4900
Balanced Accuracy : 0.8900

   'Positive' Class : 1
```

正確度が 89%となっているので，予測精度は比較的高いといえるだろう．

■6.2.2　GloVe

一方，GloVe (global vectors for word representation) という手法 (`https://nlp.stanford.edu/projects/glove/`) は，前項の word2vec とは異なり，部分的（ローカル）なコンテキストではなく，コーパス全体の単語行列に LSA などの処理を行う．いわば，LSA と word2vec のそれぞれからいいとこ取りをした手法である．ここでは GloVe をサポートする **text2vec** パッケージを使って，単語分散表現を求めてみよう．

まず，テキストデータを用意する．長編の小説を利用することにし，3.7 節と同様に夏目漱石の『こころ』をダウンロードしよう．

text2vec パッケージは，文章をトークンに切り分ける機能があるが，これはスペースで単語が区切られた言語にしか適用できない．そこで，ダウンロードした『こころ』を形態素解析にかけ，形態素（単語）間に半角スペースを挿入したテキストを作成する．この際，助詞などのストップワードは取り除き，名詞，形容詞，動詞だけに絞り込みたい．ただし，『こころ』に登場する「先生」の友人は「K」とよばれている．これを MeCab は記号として判断してしまうが，重要なキーワードとして残したい．「K」を残すには，あらかじめカスタム辞書を作成して登録してもよいが，ここでは 3.7 節とは異なり，以下の関数を使って「K」は必ず残し，ほかには名詞，形容詞，助詞を品詞細分類を使って絞り込むようにする．さらに，ストップワードのリストは使わず，「する」や「いう」など，頻出する単語をいくつか明示的に削除する．

```
kokoro_separated <- RMeCabText(kokoro)
kokoro_separated %>% map(function(x)
  if_else((x[[1]] == "Ｋ" | (x[[2]] %in% c("名詞", "形容詞", "動詞")) &&
           (!x[[3]] %in% c("数", "非自立", "接尾")) && (x[[8]] != "*")),
```

```
      x[[8]], "")) %>% unlist() %>%
        str_remove_all("する|いう|ある|いる|ない|なる") %>%
          paste(" ", collapse = "") %>%
            writeLines(con = "kokoro_separated.txt")
```

ここから，**text2vec** パッケージの機能を使って，テキストを処理していく．

text2vec では，イテレータという仕組みを使って単語を処理する．イテレータとは，要素を次々と取得していく効率的な仕組みと考えればよい．最初に `space_tokenizer()` を使ってイテレータを用意し，これによって単語を読み取る．次に `itoken()` でイテレータを用意し，これに `create_vocabulary()` を適用する．

```
library(text2vec)
kokoro <- readLines("kokoro_separated.txt", n = 1, warn = FALSE)
tokens <- space_tokenizer(kokoro)
iter <- itoken(tokens, progressbar = FALSE)
vocab <- create_vocabulary(iter)
```

単語文書行列は，一般に大きなデータとなる．それは，一度しか出現しない単語が多数含まれているためである．そこで，適当な閾値を指定して，出現回数がそれ以下の単語データを間引く．以下では閾値に 3 を指定する．

```
vocab <- prune_vocabulary(vocab, term_count_min = 3)
```

`vocab_vectorizer()` で単語ベクトルを作成する．

```
vectorizer <- vocab_vectorizer(vocab)
```

`create_tcm()` を使って共起行列を作成する．すなわち，単語ごとにその前後の環境に出現する単語を調べてカウントする．調べる範囲は引数 `skip_grams_window` で指定するが，ここでは前後 10 単語とする．

```
tcm <- create_tcm(iter, vectorizer, skip_grams_window = 10)
```

単語分散表現を求める．**text2vec** は **R6** パッケージの R6 Class というクラス構造を使っている．GloVe を実行する `GlobalVectors` では，`new()` と `fit_transform()` を使ってオブジェクトの生成とモデルの当てはめを行う．オブジェクトのメソッド（関

数）を指定するのに **$** を使っていることに注意されたい.

なお，負荷が高い処理なので，**RcppParallel** パッケージのスレッド機能を併用する．また，結果は実行するたびに微妙に変わる．**text2vec** 開発者のコメント (https://github.com/dselivanov/text2vec/issues/251) によれば，`RcppParallel::setThreadOptions(1)` で 1 を指定した後，`set.seed()` を実行すれば，結果を再現できる．ただし，異なる PC で実行すると異なる結果が得られる場合がある．本書で筆者は基本的に Ubuntu 環境で作業した結果を掲載しているが，ここでは Mac による出力を引用する.

```
RcppParallel::setThreadOptions(1)
set.seed(12)
glove <- GlobalVectors$new(rank = 100, x_max = 10)
glove_fit_kokoro <- glove$fit_transform(tcm, n_iter = 100)
dim(glove_fit_kokoro)
```

```
[1] 1748    100
```

GloVe では，もとの共起表現をランクの小さな二つの行列に落とし込んで計算しており，出力には二つの単語ベクトルがある．これを統合して単語分散表現として利用する.

```
word_vectors <- glove_fit_kokoro + t(glove$components)
```

最終的に得られた単語分散表現を使って，「意味演算」を試してみよう．意味演算は word2vec で有名になった処理で，たとえば king から man を引いて woman を足すと queen が答えとなる．意味がいくつかの成分からなっており，一部の成分を入れ替えると，ほかの意味を表す単語になるというイメージである.

まず，意味的に近い語を確認してみよう．最初に「先生」と関連の近い語を表示させる．そのために，`sim2()` でコサイン類似度を求める．コサイン類似度はベクトルの近さを表す指標であり，−1 から 1 の間の数値をとる．1 に近いほど類似度が高く，−1 に近い場合は類似性が低いと考えられる.

```
kokoro_sim <- sim2(word_vectors, word_vectors["先生", , drop = FALSE],
                   method = "cosine", norm = "l2")
```

```
kokoro_sim <- tibble(term = rownames(kokoro_sim), score = kokoro_sim[,1])
kokoro_sim
```

```
# A tibble: 1,748 x 2
   term     score[,"先生"]
   <chr>          <dbl>
 1 呼吸          0.0546
 2 一体          0.00717
 3 役に立つ     -0.155
 4 鼓動         -0.0130
 5 鼻           0.133
 6 句           0.142
 7 改まる       -0.0551
 8 落ち合う      0.134
 9 疲れる       -0.114
10 制帽          0.148
# … with 1,738 more rows
```

`kokoro_sim` の結果から，コサイン類似度でもっとも近い，あるいは遠い語について，それぞれ 20 語をグラフで確認しよう（図 6.4）．

```
kokoro_sim  %>% group_by(score > 0) %>% top_n(20, abs(score)) %>% ungroup() %>%
            ggplot(aes(fct_reorder(term, score), score, fill = score > 0)) +
            geom_col(alpha = 0.8, show.legend = FALSE) +
            coord_flip()
```

ここで，意味演算を試してみよう．「先生」から「K」を引いて「お嬢さん」を加算し，結果から類似度を確認しよう．score が 1.0 に近いほど，「先生」との関連が近いといえる．

```
sensei  <- word_vectors["先生", , drop = FALSE] -
           word_vectors["K", , drop = FALSE] +
           word_vectors["お嬢さん", , drop = FALSE]
mat <- sim2(as.matrix(word_vectors), as.matrix(sensei),
           method = "cosine", norm = "l2")
```

計算結果のベクトルと類似度の高い単語を 10 語抽出する．

```
sort(mat[ ,1], decreasing = TRUE) %>% head(10) %>% round(3)
```

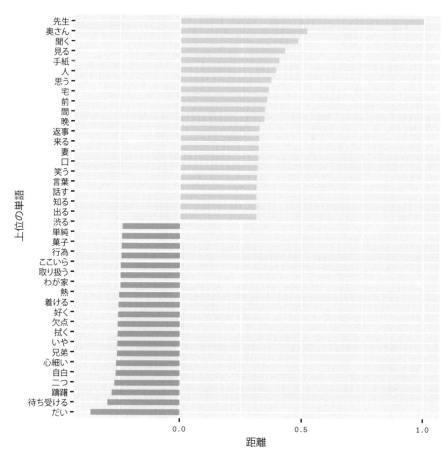

図 6.4 『こころ』における「先生」との距離

先生	お嬢さん	見る	奥さん	留める
0.734	0.519	0.425	0.385	0.361
優しい	思う	笑う	出す	人
0.347	0.328	0.321	0.319	0.318

　『こころ』の後半で「先生」は，K が出現するまでの下宿生活について，「お嬢さん」や「奥さん」と交友の思い出が語られており，上の出力の語彙はそれを反映しているのかもしれない．次に，類似度の低い単語 10 語を表示する．

```
sort(mat[ ,1], decreasing = FALSE) %>% head(10) %>% round(3)
```

躊躇		渋る	待ち受ける	通り抜ける	烟草
-0.328	-0.320		-0.319	-0.289	-0.286
梢		割	着ける	濃い	危険
-0.284	-0.278		-0.272	-0.272	-0.257

「躊躇」という単語は, 『こころ』に 8 回だけ出現してるが, そのうち「お嬢さん」が言及される文脈は 3 回だけである. 「お嬢さん」を貰い受けることへの躊躇が 2 回, そして一緒に外出することへの躊躇である. ただし, 深読みすべきではないかもしれない.

■6.2.3　fastTextR パッケージ

word2vec や GloVe では, 単語を単位としてモデルの訓練を行っていたが, Facebook の研究チームが開発した fastText では, 単語をさらに文字で分割した n-gram を訓練の単位にしている (`https://arxiv.org/pdf/1607.04606.pdf`). このため, 出現することのまれな単語や綴りミスのある単語にも強いとされる. **fastText** は, R では, **fastTextR** パッケージを導入することで利用できる.

ここでは, 第 5 章で試行したツイッターデータの予測モデルを, **fastTextR** を使って実行してみよう. 最初に, データを **fastTextR** を適用できるフォーマットに変換する必要がある.

第 5 章で利用した `iPhone_data` データは, 以下のようなフォーマットであった.

```
head(iPhone_data)
```

```
# A tibble: 6 x 3
  status_id      text                                                    Po
  <chr>          <chr>                                                  <int>
1 702448000690319… iPhone6Plus に標準で入ってる電卓アプリがちょうどいい大きさで
計算しやすい……計算捗りました……。… 1
2 551278139419025… "今 iPhone5 使ってるんだけど電源切れて中々つかなかったりフリー
ズしたりするから悩みに悩んでデータ消える… 0
3 551321488574255… "iPhone6 になりましたぁー！\n 大きくて使いにくい (11 ﾟ
Д ﾟ)" 0
4 551371740589215… iPhone6 手の大きさから言って片手で打つのなかなか難しい (；´
Д‘A… 0
5 551371511936720… "年末に iPhone4s から iPhone6 に替えた\n 良かった点\n バッテ
リーの、持ちが良い\n アプリが落ち… 1
6 551345168469602… iPhone6+は画面デカくて感動している。                    1
```

fastTextR を適用するには, データのテキストのそれぞれに, その属性 (ここでは評

価値) を識別できるラベルを追加する必要がある．ここでは，次のようなフォーマットに変換する．

__label__1　iPhone6 は　画面　デカ　感動

行頭に **__label__1** とあるのは，このツイートがポジティブな内容であることを表す．ネガティブな内容であれば，**__label__0** とする．このラベルに，スペースで分割された単語リストが続く．本項では単語は名詞に限定している．

まず，データを訓練用データとテスト用データに分けておこう．なお，fastText のアルゴリズムは，訓練用データの順序にも影響されるため，訓練用データでは，**sample()** を使って行をランダムに並べ替える．

```
iPhone_data <- iPhone_data %>% select(Po,text)
library(caret)
set.seed(12)
inTrain <- createDataPartition(
  y = iPhone_data$Po,
  p = .7,
  list = FALSE
)
training <- iPhone_data[as.matrix(sample(inTrain)),]
testing  <- iPhone_data[-inTrain,]
```

次に，以下の関数 **rmecabc_fast()** を定義し，訓練用データを fastText が求めるデータフォーマットに変換する．出力の 1 列目はツイートの極性であり，2 列目がテキストである．訓練用データの場合には，各ツイートの冒頭にも極性を表す **__label__1** ないし **__label__0** という文字列を加える．

```
library(RMeCab)
rmecabc_fast <- function(po, txt, train = TRUE){
    txt <- unlist(RMeCabC(txt, 1))
    txt <- txt[names(txt) %in% c("名詞")]
    evals <- paste0("__label__", if_else(po==1,1,0))
    txt <- paste(txt, collapse = " ")
    if(train)  txt <- paste(evals,  txt)
    tibble(Eval = evals, SENTENCE = txt)
}
```

この関数を訓練用データとテスト用データに適用して，それぞれの結果を一つのデータフレームにまとめるため，**pmap_dfr()** を利用する．テスト用データについては，後でモデルによる極性の予測値と実測値を比較するため，極性値のベクトルを用意し

ておく．訓練用データとテスト用データのそれぞれをファイルとして保存する．

```
## 訓練用データ
train_iPhone <- pmap_dfr(list(training$Po, training$text, train = TRUE),
                         ~ rmecabc_fast(..1, ..2, ..3)
 )
writeLines(train_iPhone$SENTENCE, con = "train_iPhone.txt")
## テスト用データ
test_iPhone <- pmap_dfr(list(testing$Po, testing$text, train = FALSE),
                        ~ rmecabc_fast(..1, ..2, ..3)
 )
writeLines(test_iPhone$SENTENCE, con = "test_iPhone.txt")
```

訓練用データの結果を確認する．

```
train_iPhone %>% head()
```

```
 A tibble: 6 x 2
  Eval        SENTENCE
  <chr>       <chr>
1 __label__1 __label__1 iPhone 4 S . 32 GB iPhone 6 . 64 GB さ 画面 容量
こと 笑
2 __label__1 __label__1 iPhone 6 楽しみ (^^) これ 容量 気
3 __label__1 __label__1 iPhone 6 s *\\(^ o ^)/* 3 年 5 音楽 端末 ～👟 指紋 認
証 👆"
4 __label__1 __label__1 ヘッド フォン 直 音 5 s 6 s \# iPhone 5 s \# iPhone 6 s
5 __label__0 __label__0 iPhone 6 とき 尻 ポケット 事
6 __label__1 __label__1 iPhone 6 s Android
```

データが用意できたので，分析を実行しよう．まず，fasttext() でモデルを当てはめて，get_words() と get_word_vectors() で単語ベクトルを抽出する．

```
library(fastTextR)
model <- fasttext("train_iPhone.txt", method = "supervised",
                  control = ft.control(nthreads = 3L))
iPhone_words <- get_words(model)
word_vec <- get_word_vectors(model, iPhone_words)
word_vec %>% tail()
```

```
               [,1]          [,2]         [,3]          [,4]          [,5]
レスポンス -0.0305965840  3.564675e-02  0.028586907 -0.008636348 -0.023605256
すべて     -0.0969900696 -1.049918e-01  0.024665438 -0.045576482  0.003709894
```

ミ	0.0691655576	-8.351540e-02	0.095028060	0.165927205	0.161470719
利点	-0.0009895754	-8.219888e-02	-0.043495901	0.012819563	0.069972033
解像度	-0.0262553609	-1.773504e-05	0.046078557	0.022911224	-0.028318344
カス	0.0490250541	6.832979e-02	-0.003942567	-0.032396037	-0.007402546

このモデルにもとづいて，テスト用データから予測を行う．

```
preds <- predict(model, newdata_file = "test_iPhone.txt")
```

予測値と実測値を照合する．ここでは **rminer** パッケージを利用しよう．

```
library(rminer)
print(mmetric(as.factor(test_iPhone$Eval), as.factor(preds), c("ACC")))
```

```
[1] 77.54211
```

　結果は約 78% の的中率であり，5.6.1 項のモデルに比べると精度は悪くなっているが，ここでは抽出した単語が名詞に限定されていることも要因だと考えられる．

R から Python ライブラリを実行

第 6 章で説明した単語分散表現は大量のテキストデータから学習する．これは負荷のかかる処理であるから，一般のユーザーのコンピュータで実行するのは容易ではない．

word2vec はすでにコモディティ化した単語分散表現の技術であるので，大規模テキストデータから学習したモデルが公開されていることが多い．しかしながら，公開されている訓練済みモデルのほとんどは，Python 環境で利用することが想定されているようである．特に，訓練済みモデルがバイナリ形式の場合，これを R でそのまま読み込むことはできないだろう．

ところが，RStudio では，R から Python のライブラリを利用するインターフェイスの整備が急速に進められており，特にバージョン 1.2 からは Python のコード補完などもサポートされている．

そこで本章では，公開されている word2vec 訓練済みデータを，Python とのインターフェイスを利用して読み込む方法を説明する．また，本章の最後にディープラーニングの簡単な例を紹介する．ディープラーニングは，画像認識や言語処理の分野で広く成功を収めている分析手法である．ここでは，ディープラーニングのフロントエンドとして現在もっとも普及している Keras を R から利用する方法を紹介する．

なお，本章の説明は Mac ないし Linux 環境を想定している．Windows を利用している読者は，仮想マシンに Ubuntu と Python3 の環境を構築することを勧めたい．そのほうが，余計なトラブルを避けることができ，結果としては時間の節約になると考えるからである．

7.1 　訓練済み単語分散表現

ここでは，単語分散表現の訓練済みデータとして，東北大学 乾・岡崎研究室の日本語 Wikipedia エンティティベクトルを利用してみよう (http://www.cl.ecei.tohoku.ac.jp/~m-suzuki/jawiki_vector/)．エンティティとは，人名や地名などの固有表現のことである．サイトから 20170201.tar.bz2（2017 年 2 月 1 日版，1.3GB，解凍後 2.6 GB と大きいので注意されたい）をダウンロードする．なお，ほかに Pre-trained word vectors of 30+ languages (https://github.com/Kyubyong/wordvectors) や白ヤギコーポレーション (http://aial.shiroyagi.co.jp/2017/

02/japanese-word2vec-model-builder/) もよく使われているようである．この
ほかにも複数のモデルが公開されているので（利用申請が必要なケースもある），読者
各自で探してみてほしい．

　ここで，**reticulate** パッケージを使って，単語分散表現を利用する方法を紹介しよう．
本章のコードを実行するには，以下の環境が整っている必要がある．

1. Python 3.6
2. Python の gensim ライブラリ
3. **reticulate** パッケージ
4. RStudio バージョン 1.2

　1, 2 の Python の環境設定については，多数の方法が提供されており，また検索サ
イトを通じて最新の情報が得られるはずなので，本書では説明を省略する．以下では
3 について説明する．

7.2　Python を R から利用するための **reticulate** パッケージ

　まず，R で Python を利用するためのパッケージをロードする．

```
library(reticulate)
```

　次に，利用する Python を指定する．筆者の環境は Ubuntu 18.04 であり，以下の
ように指定している．

```
use_python(
  python = "/usr/bin/python3.6",
  required = TRUE
)
```

　同様に，`use_virtualenv()`, `use_condaenv()` という関数も用意されているの
で，環境に合わせて使い分ける．
　さらに，Python の gensim ライブラリを R から呼び出す準備をする．

```
gensim <- import(module = "gensim")
```

　準備が整ったので，ダウンロードした訓練用データを読み込む．

```
model <- gensim$models$KeyedVectors$load_word2vec_format(
         "entity_vector.model.bin", binary = TRUE)
```

このように，Python との橋渡しとなるオブジェクト（上では `gensim` のこと）に `$` をつなげることで，Python のメソッドにアクセスすることができる．

なお，Pre-trained word vectors of 30+ languages の日本語モデルでは，以下のメソッドで読み込む必要があるので注意されたい．

```
model2 <- gensim$models$Word2Vec$load("Kyubyong/ja.bin")
```

上で得たデータについて，単語演算を試してみよう．まず，「アメリカ」に近い（同じような文脈で使われる）語を調べてみる．なお，引数 `topn` には整数を渡す必要がある．R では整数の最後に L を付記することで，数値が整数であることを明示的に指定できる．

```
results <- model$most_similar("アメリカ", topn = 5L)
results %>% map_df(., ~ tibble(country = .[[1]], similarity = .[[2]]))
```

```
# A tibble: 5 x 2
  country       similarity
  <chr>              <dbl>
1 米国               0.881
2 [アメリカ]         0.879
3 アメリカ合衆国     0.853
4 イギリス           0.838
5 [アメリカ合衆国]   0.830
```

次に，二つの単語どうしの演算をしてみよう．「パリ」から「フランス」を引いて「日本」を足した結果は，以下のようになった．

```
results2 <- model$most_similar(positive = list("パリ","日本"),
                  negative = list("フランス"), topn = 5L)
results2 %>% map_df(., ~ tibble(country = .[[1]], similarity = .[[2]]))
```

```
# A tibble: 5 x 2
  country   similarity
  <chr>          <dbl>
1 [日本]         0.643
```

```
2 東京          0.633
3 [東京]        0.615
4 日本国内       0.585
5 大阪          0.566
```

　ちなみに，Pre-trained word vectors of 30+ languages の日本語モデルを使い，「パリ」から「フランス」を引いて「日本」を足すと，次のようになる．

```
country    similarity
  <chr>        <dbl>
1 東京          0.573
2 京都          0.504
3 北京          0.463
4 ロンドン      0.460
5 大阪          0.459
```

7.3　keras パッケージによるディープラーニング

　本節では，テキストデータの分類をディープラーニングによって実現する方法を簡単に紹介する．

　ディープラーニングは，1950 年代と 1980 年代に隆盛をみたニューラルネットワークに起源をもつ分析手法である．ニューラルネットワークは，識別問題で高い精度を誇った手法であるが，その中核をなすパーセプトロンアルゴリズムは，データ量と計算量という点で限界に突き当たっていた．

　しかし，2000 年代始め，オートエンコーダーというアルゴリズムを採用した手法が，画像認識の分野で高い精度をあげ，以降，この手法がディープラーニングという名前で注目されることになった．ディープラーニングの特徴は，識別に有効な特徴量（変数）を自動的に抽出できることにある．一方，サポートベクターに代表される機械学習の手法では，ある程度手作業で特徴量を選択しなければならない．ちなみに，ディープラーニングと対比するために，サポートベクターなどの機械学習の手法をシャローラーニング（浅い学習）とよぶことがある．

　ディープラーニングでは，入力（変数）から出力（回答となる変数，たとえば Yesか No か）までの間に，多層の（中間）層があり，層と層の間はユニットで結ばれている．そして，層と層の間で変数に重み付けがなされる．それぞれの層の重みの積み重ねが出力に影響するため，最適な出力（つまりは回答との一致）が得られるように重みを調整する．

ここでは，R でディープラーニングを体験してみることにする．詳細については文献 [16] を参照されたい．

■7.3.1 Keras

Keras はディープラーニングを手軽に実行できるライブラリとして知られている．R では **keras** パッケージを導入することで実行できる．ただし **keras** パッケージを利用するには，バックエンドとして演算用のライブラリをインストールしておく必要がある．こうしたライブラリは Python を前提に作られているが，R の **keras** パッケージでは，Python の知識を必要とせずに動作させることができる．

具体的には以下のコマンドを実行することで，R で Keras を試す環境（バックエンドとして TensorFlow のインストールなど）が整ってしまう（ただし，Python3 の環境が用意されている必要がある）．GPU が搭載されている場合は，適切な最適化も行われる．

```
devtools::install_github("rstudio/keras")
library(keras)
install_keras()
## NVIDIA の GPU が搭載され，CUDA が導入されている場合
## install_keras(tensorflow = "gpu")
```

データは 5.2 節で作成したデータフレーム iPhone_data を利用する（ディープラーニングを利用する例としては，データ数があまりに少ないが）．**keras** では日本語テキストの形態素解析はできないので，先に RMeCabC() を使って，text 列を形態素ごとに分割して，間に半角スペースを挿入したベクトルに置き換える．また，このベクトルを texts として取り出しておく．

```
rmecab_c <- function(x) paste(RMeCabC(x, 1), collapse = " ")
iPhone_separated <- iPhone_data %>% mutate(text = map_chr(text, rmecab_c))
texts <- iPhone_separated %>% pull(text)
```

まず，text_tokenizer() と fit_text_tokenizer() で，出現する単語に一意の整数を割り振る．前者の関数には，デフォルトでアルファベット大文字を小文字に修正する機能などがある．

```
tokenizer <- text_tokenizer() %>% fit_text_tokenizer(texts)
```

これにより，単語に一意の番号が振られたリストが生成される．

```
tokenizer$word_index %>% head() %>% unlist()
```

```
iphone      6      の      に      た      て
     1      2      3      4      5      6
```

この例では iPhone が iphone に変換され，整数番号 1 が振られている．次に，元テキストを，出現する単語に対応する整数番号に変えたリストを作成する．

```
texts_sequences <- texts_to_sequences(tokenizer, texts)
texts_sequences[1]
```

```
[[1]]
 [1]    1    2   36    4 1396   15  140   19 4126  118
[11]    8  757   46   38   40   15 1736    9   75   24
[21]   24   24 1736 1110   33    5   24   24    7
```

最初のツイートの冒頭は「iPhone 6 Plus に標準で入っている電卓アプリ」という文で始まるが，この単語の並びが 1 2 36 4 1396 15 と並ぶ整数で表現されている．元の文章（ツイート）との対応を確認するため，`tokenizer$word_index` を加工したベクトル `words_vec` を用意し，これに `texts_sequences` を添字として与えれば，元の文章を再現できる（以下では，出力を一部省略している）．

```
words_vec <- names(tokenizer$word_index)
words_vec %>% head()
```

```
[1] "iphone" "6"      "の"     "に"     "た"     "て"
```

```
names(words_vec) <- tokenizer$word_index
words_vec %>% head()
```

```
         1        2        3        4        5        6
  "iphone"      "6"     "の"     "に"     "た"     "て"
```

```
words_vec[texts_sequences[[1]]]
```

```
        1         2        36         4      1396
  "iphone"       "6"    "plus"      "に"    "標準"
       15       140        19      4126       118
     "で"    "入る"    "てる"    "電卓"  "アプリ"
```

```
texts[1]
```

```
[1] "iPhone 6 Plus に 標準 で 入る てる 電卓 アプリ"
```

さて，texts_sequences を **keras** の入力にするために変換を行う必要がある．方法は二つあり，一つは，行列表現に変換する方法である．

```
mat <- texts_to_matrix(tokenizer, texts, mode = "binary")
mat[1:5,1:8]
```

```
      [,1] [,2] [,3] [,4] [,5] [,6] [,7] [,8]
[1,]     0    1    1    0    1    1    0    1
[2,]     0    1    1    0    1    1    1    0
[3,]     0    1    1    0    1    1    1    0
[4,]     0    1    1    1    0    0    1    0
[5,]     0    1    1    1    1    1    0    0
```

もう一つは，texts_sequences を，各要素の長さが統一されたリストに変換することである．ここでは，この方法を利用する．texts_sequences の要素数の最大値を求め，各要素の長さをその値に引き伸ばし，空白部分には 0 を埋め込む．たとえば，最初のツイートには 29 個の単語（整数）があるが，この末尾に $95 - 29$ 個の 0 を追加する．

まず，texts_sequences の要素数の最大値を求めよう．

```
sizes <- texts_sequences %>% map_int(length)
max(sizes)
```

```
[1] 95
```

文長が最人のデータを調べる.

```
which(sizes == max(sizes))
```

```
[1] 4066
```

各要素の長さを統一し,空白部分に 0 を埋め込む.

```
seq_pad <- pad_sequences(texts_sequences, maxlen = 95, padding = "post")
seq_pad %>% dim()
seq_pad[1:3,1:5]
```

```
[1] 5344    95
      [,1] [,2] [,3] [,4] [,5]
[1,]    1    2   36    4 1396
[2,]   94    1   31   30   19
[3,]    1    2    4   21   33
```

```
# 長さ（文長）が最大のデータは 4066 番
seq_pad[4065:4067,91:95]
```

```
      [,1] [,2] [,3] [,4] [,5]
[1,]    0    0    0    0    0
[2,]  150   11   22   11    7
[3,]    0    0    0    0    0
```

語彙数を知るために,要素の最大値を調べよう.

```
seq_pad %>% max()
```

```
[1] 8210
```

続いて,`layer_embedding()` で単語の分散表現を行う（単語埋め込み,word embedding とも表現する）.つまり,単語を高次元の（実数）ベクトルで表現する.ここ

で，入力される語彙数に 1 を加算した整数を `input_dim` に指定することに注意されたい．出力では 256 次元に圧縮する．なお，単語埋め込みによってデータは 2 次元になっているので，`layer_global_average_pooling_1d()` で 1 次元に戻す．出力は省略するが，`summary()` でモデルのパラメータ数などを確認できる．ちなみに **keras** の `layer_` 関数類では，実行するとモデルを上書きするようになっているので，実行結果を `model` に代入し直す必要はない．

```
model <- keras_model_sequential()
model %>% layer_embedding(input_dim = 8210+1, output_dim = 256) %>%
  layer_global_average_pooling_1d()
```

`keras_model_sequential()` でモデルを生成し，これに `layer_dense()` で層を定義して追加する．

```
model %>%
  layer_dense(units = 64, activation = "relu") %>%
  layer_dropout(rate = 0.5) %>%
  layer_dense(units = 32, activation = "relu") %>%
  layer_dropout(rate = 0.5) %>%
  layer_dense(units = 1, activation = "sigmoid")
```

最初に `layer_dense()` の引数 `units` で層のノード数を指定する．`activation` は活性化関数の指定で，ノードで行われる計算方法を決める．ここでは中間層は "ReLU" を，最後の 2 値出力では "Sigmoid" を指定している（詳細は文献[16]を参照されたい）．シグモイド関数はロジスティック回帰分析でも使われているが，最終的な出力を（ある閾値を境に）1 か 0 にまとめるために使われる．本項でも，応答変数が肯定的か否定的かの 2 値であるため，最後の層にはシグモイド関数を指定する必要がある．

`layer_dropout()` はランダムに選んだノードだけで学習を行うための指定で，これにより過学習を抑制する効果が期待される．以降，この二つの関数をノード数を減らしながら指定していく．

次に，モデルをコンパイルする．`compile()` の引数 `loss` には損失関数を指定するが，ここは 2 値の識別問題なので `binary_crossentoropy` を指定している．`optimizer` は損失関数を最小化するアルゴリズムであり，`metrics` は予測の精度を測る方法である．

```
model %>%
  compile(loss = "binary_crossentropy",
```

```
         optimizer = optimizer_adam(),
         metrics = c("accuracy"))
```

ディープラーニングを実行する用意が整ったので，改めてデータを訓練用とテスト用に分割しよう．

```
Y <- iPhone_data %>% pull(Po)
set.seed(123)
idx <- sample(1:5344, 3000)
x_train <- seq_pad[idx, ]
y_train <- Y[idx] %>% as.matrix()
x_test <- seq_pad[-idx, ]
y_test <- Y[-idx] %>% as.matrix()
```

推定を行うため，学習データに `fit()` を適用する．

```
history <- model %>% fit(
  x_train,
  y_train,
  epochs = 20,
  batch_size = 100,
  validation_split = 0.3)
```

epochs は学習の回数，batch_size は一度の学習において利用するデータ数である．なお，学習の際には一部のデータを検証用に利用するが，その割合を validation_split で指定する．

RStudio で実行すると，図 7.1 のようなプロットが表示されるはずである．横軸はエポック，縦軸は図上は損失，下は精度を表す．グラフ上にカーソルをあてると該当する数値が表示されるようになっている．

accuracy は入力と出力の一致割合で，loss は誤差である．また，val_accuracy と val_los は，検証用 (validation) データでの精度と誤差に対応する．うまく当てはめができた場合は，val_accuracy が大きくなるにつれて val_los が減少することになる．プロットは以下のようにしても作成できる（出力は省略する）．

```
plot(history)
```

取り分けておいたテストデータで検証するには `evaluate()` を利用する．

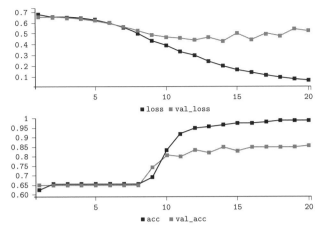

図 7.1 エポックごとの精度の推移

```
model %>% evaluate(x_test, y_test)
```

```
$loss
[1] 0.5475732
```

```
$accuracy
[1] 0.8417235
```

テストデータで約 84 ％の正答割合となっている.

補 遺

A.1 stringi パッケージ

本書では，日本語の形態素解析に **RMeCab** パッケージを利用しているが，日本語の文章を単語に分割することができるパッケージはほかにもある．たとえば，**stringi** パッケージには `stri_split_boundaries()` という関数がある．

http://www.unicode.org/reports/tr29/#Word_Boundaries

stringi パッケージの文字列処理では，ICU ライブラリが利用されている．

```
stringi::stri_split_boundaries("すもももももももものうち", type = "word")
```

```
[[1]]
[1] "すもも" "も"     "も"     "も"     "も"     "も"     "もの"   "うち"
```

この例では比較的精度よく分割してくれるが，より長い文字列になると，処理にだいぶ時間がかかる．

A.2 udpipe パッケージ

一方，**udpipe** パッケージは，汎用的なテキスト処理の開発プロジェクトである UD-Pipe (http://ufal.mff.cuni.cz/udpipe) のツールを取り込んだ多言語処理パッケージである．日本語の処理を行う場合，最初に言語ごとに訓練されたモデルをダウンロードする必要がある．なお，**udpipe** の単語分割処理の精度は，言語によってばらつきがあるようで，たとえば中国語の場合はほとんど使いものにならない（ちなみに，中国語の形態素解析では，**jieba** パッケージの精度が高い）．

```
library(udpipe)
udmodel <- udpipe_download_model(language = "japanese")
udmodel <- udpipe_load_model(file = udmodel$file_model)
```

ダウンロードしたモデルを指定して，文字列ベクトルを渡す．なお，**udpipe** に渡す

文字列は文字コードを UTF-8 とする必要がある．以下のコードは Mac や Linux を
想定しているが，本書のサポートサイトに公開しているスクリプトには Windows 向
けの処理も加えているので参照されたい．udpipe_annotate() の返り値はリストな
ので，データフレーム (tibble) に変換したほうがいいだろう．

```
x <- udpipe_annotate(udmodel, x = "本を読んだ。")
x <- as_tibble(x)
x
```

```
# A tibble: 5 x 14
  doc_id paragraph_id sentence_id sentence token_id token lemma upos  xpos
  <chr>        <int>       <int> <chr>    <chr>    <chr> <chr> <chr> <chr>
1 doc1             1           1 本を読んだ. … 1       本    本    NOUN  NN
2 doc1             1           1 本を読んだ. … 2       を    を    ADP   PS
3 doc1             1           1 本を読んだ. … 3       読ん  読む  VERB  VV
4 doc1             1           1 本を読んだ. … 4       だ    た    AUX   AV
5 doc1             1           1 本を読んだ. … 5       。    。    PUNCT SYM
# … with 5 more variables: feats <chr>, head_token_id <chr>, dep_rel <chr>,
#   deps <chr>, misc <chr>
```

　言語モデルを取り入れた後は，udpipe() に言語を指定しても実行できる．なお，出
力は通常のデータフレームとなる．

```
x <- udpipe(x = c("本を読んだ。\n\n読み終えました。",
                  "ご飯を食べます。今日は和食です。"), object = "japanese")
x <- as_tibble(x)
x %>% select(doc_id, paragraph_id, sentence_id,
             token, lemma, upos) %>% head()
```

```
  doc_id paragraph_id sentence_id token lemma  upos
1  doc1             1           1 本    本     NOUN
2  doc1             1           1 を    を     ADP
3  doc1             1           1 読ん  読む   VERB
4  doc1             1           1 だ    た     AUX
5  doc1             1           1 。    。     PUNCT
6  doc1             2           2 読み  読む   NOUN
```

　出力からわかるように，文字列（ベクトル）ごとに文書番号 (doc_id) が振られて
いる．また，文字列ベクトルに空行 (\n) が二つ以上連続する場合は，それがパラグラ
フの区切りと判断されている．さらに，sentence_id は，読点（やクエスチョンマー

ク）を区切りとした文の番号が振られている．MeCab の出力でいう表層語は token
として，また原型は lemma として記録されている．upos は品詞情報である．

　青空文庫から，太宰治の『走れメロス』をダウンロードして，**udpipe** で分析してみ
よう．

```
source("http://rmecab.jp/R/Aozora.R")
dazai <- Aozora("https://www.aozora.gr.jp/cards/000035/files/1567_ruby_4948.zip")
```

　udpipe() にはファイルを直接は指定できないので，readLines() で文字ベクトル
に変えて与える．

```
merosu <- dazai %>% readLines() %>% udpipe(object="japanese") %>% as_tibble()
merosu
```

```
# A tibble: 6,354 x 17
   doc_id paragraph_id sentence_id sentence start   end term_id token_id token
   <chr>         <int>       <int> <chr>    <int> <int>   <int> <chr>    <chr>
 1 doc1              1           1 走れメロス…     1     2       1 1        走れ
 2 doc1              1           1 走れメロス…     3     5       2 2        メロス…
 3 doc2              1           1 太宰治       1     3       1 1        太宰治…
 4 doc5              1           1 メロスは激怒し…  16    18       1 1        メロ
ス…
 5 doc5              1           1 メロスは激怒し…  19    19       2 2        は
 6 doc5              1           1 メロスは激怒し…  20    21       3 3        激怒
 7 doc5              1           1 メロスは激怒し…  22    22       4 4        し
 8 doc5              1           1 メロスは激怒し…  23    23       5 5        た
 9 doc5              1           1 メロスは激怒し…  24    24       6 6        。
10 doc5              1           2 必ず、かの邪智…   25    26       7 1        必ず
# … with 6,344 more rows, and 8 more variables: lemma <chr>, upos <chr>,
#   xpos <chr>, feats <chr>, head_token_id <chr>, dep_rel <chr>, deps <chr>,
#   misc <chr>
```

　パラグラフおよび文の数を確認してみよう．

```
merosu %>% summarize(Paragraph_size = max(paragraph_id),
                     Sentece_size = max(sentence_id))
```

```
# A tibble: 1 x 2
  Paragraph_size Sentece_size
           <int>        <int>
1              1           77
```

パラグラフは区別されておらず，文の数は 77 個とカウントされている．まず，頻
出語を確認する．なお，MeCab とは異なり，品詞の細分類が得られていないので，こ
こでは単純に名詞と形容詞，動詞に限定する．

```
merosu %>% filter(upos %in% c("NOUN", "VERB", "ADJ")) %>%
            select(lemma) %>% pull() %>% txt_freq() %>% head()
```

```
  key freq  freq_pct
1 する  31 1.5099854
2  人   25 1.2177302
3 走る  24 1.1690209
4 無い  23 1.1203117
5  王   19 0.9254749
6  友   18 0.8767657
```

返り値のデータフレームは，出現頻度の降順に並べられている．ちなみに，`freq_pct`
はその語の頻度が全トークン数に占める割合である．

このデータフレームから，ネットワークグラフを作成してみよう．最初に，共起語の
データフレームに変換する．『走れメロス』では節番号が認識されていないので，以下
では引数 `group` に `doc_id` のみを指定しているが，`paragraph_id` や `sentence_id`
を加えて指定すれば，節ないし文の組み合わせで単語数がカウントされる．

```
merosu_co <- cooccurrence(x = subset(merosu, upos %in% c("NOUN")),
                          term = "lemma", group = c("doc_id"))
merosu_co %>% head()
```

```
  term1 term2 cooc
1   王    友    33
2   事    友    32
3 おまえ  事    31
4   王    事    28
5   事    人    21
6   市   老爺   20
```

ネットワークグラフを描いてみよう（図 A.1）．

```
library(igraph)
library(ggraph)
merosu_netw <- merosu_co %>% head(50)
```

```
merosu_netw <- graph_from_data_frame(merosu_netw)
merosu_netw %>% ggraph(layout = "fr") +
  geom_edge_link( edge_colour = "green") +
  geom_node_text(aes(label = name), col = "blue", size = 5) +
  theme(legend.position = "none") + labs(title = "『走れメロス』")
```

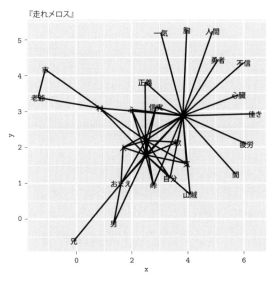

図 A.1　『走れメロス』のネットワークグラフ

A.3　udpipe によるトピックモデル

3.7 節で『こころ』をトピックモデルで解析したが，これを **udpipe** で実行してみよう．`kokoro_df2` データフレームの `text` 列を形態素解析にかける．以下のように解析するが，**RMeCab** と比べるとかなりの時間がかかり，返り値のサイズも大きくなるので注意されたい．

```
kokoro_df3 <- udpipe(kokoro_df2$text, object = "japanese")
```

まず，単語を名詞と動詞，形容詞に絞る．

```
kokoro_df3 <- kokoro_df3 %>% filter(upos %in% c("NOUN", "VERB", "ADJ"))
```

次に, 節ごとに単語をカウントする. ここでは **udpipe** パッケージの `document_term_frequencies()` を使ってみよう.

```
kokoro_df4 <- document_term_frequencies(kokoro_df3, document = "doc_id",
                                        term = "lemma")
kokoro_df4 %>% head()
```

```
   doc_id term freq
1:   doc1  上     1
2:   doc1  先生   1
3:   doc2  人     4
4:   doc2  先生   5
5:   doc2  呼ぶ   2
6:   doc2  ただ   1
```

ここで, ストップワードを取り除く. 第 3 章で用意した `ja_stop_words` を利用する. 二つのデータフレームで列名が一致していないので, 引数 `by` で明示的に指定する.

```
kokoro_df4 <- kokoro_df4 %>% anti_join(ja_stop_words,
                                       by = c("term" = "TERM"))
```

`cast_dtm()` で文書単語行列に変換する.

```
library(tidytext)
kokoro_dtm_ud <- cast_dtm(kokoro_df4,
                          document = "doc_id", term = "term", value = "freq")
```

なお, もし最低頻度の閾値を指定する場合は, 次のように `dtm_remove_lowfreq()` を使う (上では指定しなかった).

```
# kokoro_dtm_ud <- dtm_remove_lowfreq(kokoro_dtm_ud, minfreq = 5)
```

トピックモデルを適用する. `LDA()` の `method` は, デフォルトでは EM アルゴリズムである VEM が設定されているが, ほかにギブスサンプリング (Gibbs) という手法がサポートされているので, ここでは後者を試してみよう. ギブスサンプリングでは, 初期値を設定して乱数を生成していくが, 初期値の影響が残ると判断されるデータは削除する. `burnin` はその指定で, ここでは最初の 2000 個を破棄している. `best` に `TRUE` を与えると, 最良のモデルのみが返り値となる.

```
library(topicmodels)
kokoro_m_ud <- LDA(kokoro_dtm_ud, k = 5, method = "Gibbs",
                   control = list(burnin = 2000, best = TRUE, seed = 123))
```

　結果を **broom** の tidy() で整形したうえで，各トピックで出現確率の高い上位 20
語を可視化しよう（図 A.2）．

```
library(broom)
topics <- kokoro_m_ud %>% tidy()
library(ggplot2)
topics20 <- topics %>% group_by(topic) %>% top_n(20,beta) %>%
                 ungroup() %>% mutate(term = reorder(term, beta)) %>%
                 arrange(topic, -beta)
```

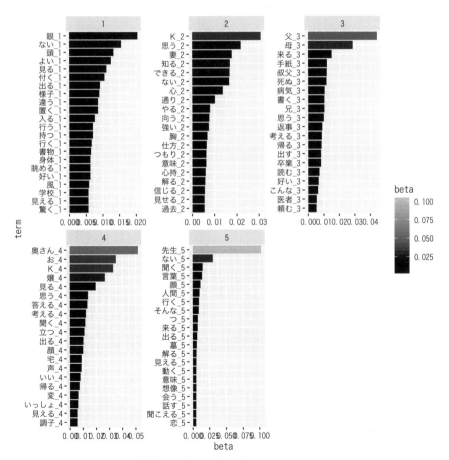

図 A.2　『こころ』のトピックモデル

```
topics20 %>% mutate(term = reorder(term, beta)) %>%
              group_by(topic,term) %>% arrange(desc(beta)) %>% ungroup() %>%
                mutate(term = factor(paste(term, topic, sep="_"),
                      levels = rev(paste(term, topic, sep = "_")))) %>%
              ggplot(aes(term, beta, fill = beta)) + geom_bar(stat = "identity")+
                facet_wrap(~topic, scales = "free") + coord_flip()
```

A.4 文章の重要度判定

　テキストを構成する文章の重要度，また特徴的なキーワードを判定する方法について紹介しよう．ここで利用する **textrank** パッケージでは，グラフ理論にもとづいて文章やキーワードの重要性を判定する．文章の重要度については，出現する単語の共通性にもとづいて，文章間のネットワークが作られる．この結合の強さによって重要な文章が抽出される．たとえば，テキスト全体を要約したいとすれば，ここで重要と判定された文章をもとに作成するのが一つの方法となるであろう．キーワードの抽出では，単語のペアがネットワーク化され，それぞれの頻度にもとづいて重要度が判断される．

　以下，宮沢賢治の『注文の多い料理店』から，重要度の高い文を抽出してみよう．データのダウンロードは 1.1 節を参照されたい．これを **udpipe** に取り込む．

```
library(udpipe)
chumon2 <- readLines("NORUBY/chumonno_oi_ryoriten2.txt") %>%
              udpipe(object = "japanese")
```

　次に，文章の ID と単語 (lemma)，そして文区切りを含む品詞情報を指定して，文のランキングを求める．なお，第 2 章にも述べたように，文の区切りは句点で判断されている．これは，以下のようにすれば確認できる．

```
chumon2 %>% slice(60:100) %>%
              select(doc_id, paragraph_id, sentence_id, lemma, upos, sentence)
```

　出力は掲載しないが，sentence_id が lemma と upos から句点を判断していることが確認できるだろう．

　unique_identifier() の出力であるランキングを，chumon2 データフレームに新規に追加する．このランキングから，さらに名詞，形容詞，動詞に絞って単語を抽出しよう．

```
chumon2$textrank_id <- unique_identifier(chumon2, c("doc_id",
                                                     "paragraph_id",
                                                     "sentence_id"))
sentences <- chumon2 %>% select(textrank_id, sentence) %>% distinct()
terminology <- chumon2 %>% filter(upos %in% c("NOUN", "ADJ", "VERB")) %>%
                select(textrank_id, lemma)
terminology %>% head()
```

```
  textrank_id  lemma
1         186    人
2         186    若い
3         186    紳
4         186    士
5         186    兵隊
6         186  かたち
```

ランキングと単語の情報を，`textrank_sentences()` でページランクアルゴリズムに適用する．以下の処理にはかなり時間がかかるので注意されたい．

```
library(textrank)
txtrank <- textrank_sentences(data = sentences, terminology = terminology)
```

文を重要度 5 位まで表示してみよう．

```
summary(txtrank, n = 5)
```

```
[1] "二人は扉をあけて中にはいりました。"
[2] "そして二人はその扉をあけようとしますと、上に黄いろな字でこう書いてありました。"
[3] "「だからさ、西洋料理店というのは、ぼくの考えるところでは、西洋料理を、来た人に
たべさせるのではなくて、来た人を西洋料理にして、食べてやる家とこういうことなんだ。"
[4] "ところがどうもうるさいことは、また扉が一つありました。"
[5] "二人は云いながら、その扉をあけました。"
```

一方，キーワードのランキングは，以下のように `textrank_keywords()` で求める．

```
kw <- textrank_keywords(chumon2$lemma,
                        relevant = chumon2$upos %in% c("NOUN", "VERB", "ADJ"))
kw$keywords %>% filter(ngram > 1 & freq > 1)
```

```
     keyword ngram freq
1       紳-士     2    4
2     料理-店     2    4
3   こんな-こと   2    3
4      の紳-士     2    3
5 西洋-料理-店     3    2
6      大-歓迎     2    2
7    よい-塗る     2    2
8    西洋-料理     2    2
9    ぶる-ぶる     2    2
```

A.5 RMeCab を活用する

以下，筆者に質問を寄せられることが多い日本語処理についてまとめた．

■A.5.1 ファイルではなく文字列ベクトルを処理したい

RMeCab の多くの関数は，対象とするテキストが，ファイルとして別に保存されていることを想定している．文字列ベクトル（ないしデータフレーム）を対象に解析が実行できるのは，RMeCabC(), docDF(), docMatrixDF() の三つの関数である．これ以外の関数で，文字列ベクトルを解析対象としたい場合は，一時ファイルを作成するのが一つの方法である．まず，dir.create() と tempfile() を利用して，一時フォルダ（ディレクトリ）と一時ファイルを用意し，ここに文字列ベクトルを書き込むのである．

```
dummy <- c("私は真面目な学生です．", "彼女は数学専攻の学生です．",
"彼らは物理学を専攻している．")
dir.create("dummy")
for (i in seq(dummy)) {
  td <- tempfile("tmp", tmpdir = "dummy")
  write(dummy[i] , file = td)
  ## 以下の 1 行は一時ファイルの存在を確認するだけ
  if (file.exists(td)) cat(td, "exists", "\n")
}
library (RMeCab)
x <- docDF("dummy", type = 1, pos = c("名詞"))
x %>% head()
```

TERM	POS1	POS2	tmp18511bff8b8c	tmp1851250be8cb	tmp185126d9c6c2
1 学	名詞	接尾	0	1	0

```
2 学生 名詞     一般              1              0              1
3 専攻 名詞 サ変接続              0              1              0
4 彼ら 名詞     代名詞            0              1              0
5 彼女 名詞     代名詞            0              0              0
6 数学 名詞     一般              0              0              0
  tmp18512abd7be5 tmp185138f945af tmp185140a17bd1 tmp185150be1820
1               0               0               0               1
2               1               1               1               0
3               1               1               0               1
4               0               0               0               1
5               1               1               0               0
6               1               1               0               0
  tmp185166d1a80d tmp18517f44b172
1               1               0
2               0               1
3               1               1
4               1               0
5               0               1
6               0               1
```

別の方法としては，文字列をデータフレームに変換して，docDF() で解析することも考えられる．

```
df <- tibble(TEXT = dummy)
df
```

```
# A tibble: 3 x 1
  TEXT
  <chr>
1 私は真面目な学生です.
2 彼女は数学専攻の学生です.
3 彼らは物理学を専攻している.
```

```
df2 <- docDF(df, "TEXT", type = 1, pos = c("名詞","形容詞"))
df2 %>% tail()
```

```
number of extracted terms = 14
now making a data frame. wait a while!
     TERM POS1        POS2 Row1
9    彼ら 名詞       代名詞    1
10   彼女 名詞       代名詞    1
11   数学 名詞         一般    1
```

12	物理	名詞	一般	1
13	真面目	名詞	形容動詞語幹	1
14	私	名詞	代名詞	1

　出力の Row1 という列は，誤解を招きやすいが，対象としたテキスト列全体での単語頻度を表している．docDF() そのものには，もとの文字列ベクトル（行）を識別する情報がないが，tidyverse のフレームワークを利用すると，こうした情報を簡単にデータフレームに追加できる．詳細は，本書の各所で定義した rmecabc() や rmecabcK()，rmecabc_()，rmecabc_po()，rmecabc_fast() を参照されたい．

　また，docMatrixDF() を使うと，データフレームのテキスト列をレコード（行）ごとに形態素解析し，その結果を列に分けたデータフレームが出力される．

```
df3 <- docMatrixDF(df$TEXT, pos = c("名詞","形容詞"))
df3 %>% tail()
```

```
to make data frame
        ROW.1 ROW.2 ROW.3
彼ら        0     0     1
彼女        0     1     0
数学        0     1     0
物理        0     0     1
真面目      1     0     0
私          1     0     0
```

■A.5.2　読み込み時に品詞細分類を指定する

　たとえば数百個のファイルを対象に，名詞を抽出したいが，固有名詞や数詞は削除したい場合，docDF() で一度データフレームに変換した後で，tidyverse のデータ処理関数を使って絞り込むことになる．固有名詞と数詞を省きたいのであれば，filter(!POS2 %in% c("固有名詞","数")) を実行するのである．

　しかし，膨大なファイルを分析する必要があり，すべてのファイルから一気にデータフレームを作成するにはスペックが足りない場合は，以下のように，ファイルごとに品詞を絞り込み，データフレームに追加していくことも可能である．RMeCabText() は文ごとにリストを返すが，その要素は MeCab による 10 個の出力そのままのベクトルである．このベクトルの 2 番目が品詞大分類，3 番目が品詞細分類であるので，この情報を利用する．

```
files <- list.files("~/data/doc", full.names = TRUE, pattern = "txt")
library(tidyverse)
gc();gc()
Z <- files %>% map_df(~{
                file_n <- .
                x <- RMeCabText(file_n)
                map2_df(x, file_n,  {
                 ~ if(.x[2] %in% c( "名詞", "動詞")  &
                                 !(.x[3] %in% c("固有名詞", "数")))
                        tibble(F = file_n, X = .x[1], Y = .x[2])
})})
```

対象ファイル数や搭載メモリなどを勘案して，いずれかの方法で実行することが考えられるであろう.

A.6　テキストデータ取得に便利なパッケージ

詳細は省くが，インターネット上に公開されているテキストデータを取得するのに便利なパッケージが複数公開されている.

pageviews パッケージは，各国語による Wikipedia の記事，あるいはアクセス数を取得するのに便利なパッケージである. たとえば，以下のようにして該当項目のページビューの遷移を確認することができる.

```
wiki_pv <- article_pageviews(project = "ja.wikipedia",
                        article = c("令和", "平成"),
                        start = "2019010100",
                        end = Sys.Date())
wiki_pv %>% ggplot() +
  geom_line(aes(x = date, y = views, colour = article))
```

gtrendsR は，Google での検索キーワードについて，検索回数などのデータを取得するのに利用できる.

```
g_trend <- gtrends(keyword = c("令和", "平成"), geo = "JP",
                time = str_c("2019-01-01",
                Sys.Date(), sep = " "))
plot(g_trend)
```

参考文献

[1] 石田基広：『R によるテキストマイニング入門（第 2 版）』，森北出版，2017.

[2] J. Silge, D. Robinson（著），大橋真也（監訳），長尾高弘（訳）：『R によるテキストマイニング』，オライリージャパン，2018.

[3] 金明哲：『テキストアナリティクス』，共立出版，2018.

[4] T. Kwartler : Text Mining in Practice with R, Wiley, 2017.

[5] P. Bruce, A. Bruce（著），黒川利明（訳），大橋真也（技術監修）：『データサイエンスのための統計学入門』，オライリージャパン，2018.

[6] G. James, D. Witten, T. Hastie, R. Tibshirani（著），落海浩，首藤信通（訳）：『R による統計的学習入門』，朝倉書店，2018.

[7] S. Raschka, V. Mirjalili（著），福島真太朗（監訳），株式会社クイープ（訳）：『[第 2 版] Python 機械学習プログラミング 達人データサイエンティストによる理論と実践』，インプレス，2018.

[8] 松村優哉，湯谷啓明，紀ノ定保礼，前田和寛：『R ユーザのための RStudio［実践］入門—tidyverse によるモダンな分析フローの世界—』，技術評論社，2018.

[9] J. Friedman, T. Hastie, R. Tibshirani: Regularization Paths for Generalized Linear Models via Coordinate Descent, Journal of Statistical Software, January 2010, Volume 33, Issue 1., 2010.

[10] 石田基広：『R で学ぶデータ・プログラミング入門』，共立出版，2012.

[11] 石田基広：『改訂 3 版 R 言語逆引きハンドブック』，C&R 研究所，2016.

[12] 北研二，津田和彦，獅々堀正幹：『情報検索アルゴリズム』，共立出版，2002.

[13] 高村大也（著），奥村学（監修）：『言語処理のための機械学習入門』，コロナ社，2010.

[14] 佐藤一誠（著），奥村学（監修）：『トピックモデルによる統計的潜在意味解析』，コロナ社，2015.

[15] 金明哲：『テキストデータの統計科学入門』，岩波書店，2009.

[16] F. Chollet, J.J. Allaire（著），瀬戸山雅人（監訳），長尾高弘（訳）：『R と Keras によるディープラーニング』，オライリー・ジャパン，2018.

このほか，各種パッケージのビネットを参照した．

索　引

著 者 略 歴

石田　基広（いしだ・もとひろ）
　1989 年　東京都立大学大学院人文科学研究科修士課程修了
　1991 年　東京都立大学大学院人文科学研究科博士課程中退
　1991 年　広島大学文学部助手
　1994 年　徳島大学総合科学部講師
　1996 年　徳島大学総合科学部助教授
　2008 年　徳島大学総合科学部准教授
　2012 年　徳島大学大学院ソシオ・アーツ・アンド・サイエンス研究部教授
　2017 年　徳島大学大学院社会産業理工学研究部教授
　2022 年　徳島大学副理事・徳島大学デザイン型 AI 教育研究センター長
　　　　　　現在に至る

編集担当　上村紗帆・植田朝美（森北出版）
編集責任　富井　晃（森北出版）
組　　版　藤原印刷
印　　刷　　同
製　　本　　同

実践　R によるテキストマイニング
　　　─センチメント分析・単語分散表現・機械学習・Python ラッパー─
　　　　　　　　　　　　　　　　　　　　　　　　ⓒ 石田基広　2020

2020 年 3 月 27 日　第 1 版第 1 刷発行　【本書の無断転載を禁ず】
2022 年 9 月 9 日　第 1 版第 2 刷発行

著　　　者　石田基広
発　行　者　森北博巳
発　行　所　森北出版株式会社
　　　　　　東京都千代田区富士見 1-4-11（〒 102-0071）
　　　　　　電話 03-3265-8341 ／ FAX 03-3264-8709
　　　　　　https://www.morikita.co.jp/
　　　　　　日本書籍出版協会・自然科学書協会　会員
　　　　　　JCOPY ＜（一社）出版者著作権管理機構 委託出版物＞

落丁・乱丁本はお取替えいたします.

Printed in Japan／ISBN978-4-627-88511-0